ABOLITION DE L'ESCLAVAGE.

IMPRIMERIE PORTHMANN,
Rue du Hasard Richelieu, 8.

ABOLITION

DE L'ESCLAVAGE;

EXAMEN CRITIQUE

Du Préjugé

CONTRE LA COULEUR DES AFRICAINS

ET DES SANG-MÊLÉS;

PAR V. SCHŒLCHER.

PARIS,

PAGNERRE, ÉDITEUR,

RUE DE SEINE, 14 BIS.

1840

AU PEUPLE.

En dédiant ce petit volume au peuple, nous n'avons pas seulement dessein de témoigner de notre respect pour lui, nous voulons encore solliciter ses sympathies pour les douleurs des esclaves. Puisse notre livre pénétrer dans les ateliers, obtenir quelques-unes de ces heures saintes qu'on y dérobe à la fatigue pour les donner à d'austères études, et gagner à la cause de l'abolition de l'esclavage les généreux esprits auxquels nous nous adressons. Le peuple français, qui marche à la conquête de tous ses droits, le peuple français, qui chaque jour prend un sentiment plus éclairé de l'égalité humaine, ne doit pas oublier plus longtemps les Noirs qui souffrent, les Noirs, qui, moins heureux que lui encore, n'ont pas la possession d'eux-mêmes.

V. SCHOELCHER.

AVANT-PROPOS.

L'abbé Grégoire a laissé dans son testament un legs de 1,000 fr. pour l'écrivain qui exposerait les meilleurs moyens d'effacer le cruel et absurde préjugé qui règne parmi les blancs contre les Nègres et les hommes de couleur.

La Société française pour l'abolition de l'esclavage a été chargée, par les exécuteurs testamentaires, de décerner le prix offert par l'ancien évêque de Blois.

Deux fois elle a ouvert le concours, et deux fois aucun des concurrents n'a pu mériter les suffrages de la commission nommée pour apprécier leur travail.

L'ouvrage que nous soumettons au public est textuellement celui que nous avions envoyé.

Nous croyons devoir présenter ici le jugement que la commission en a porté :

« L'auteur du Mémoire numéro 3, « ayant pour épigraphe : *Toute cette « polémique n'est de notre part qu'une « concession faite à l'amour du « bien, etc.*, s'est livré à des re- « cherches pleines d'intérêt pour dé- « montrer l'égalité intellectuelle des « noirs et des blancs, et cette partie de « son travail forme le complément du

« curieux ouvrage de M. Grégoire lui-
« même sur cet objet, mais la question
« plus directement proposée aujour-
« d'hui aux concurrents n'est pas assez
« nettement abordée dans le mémoire.
« Les moyens indiqués par l'auteur pour
« arriver au but nous ont paru peu pré-
« cis, et nous avons pensé que cet ou-
« vrage, dont le mérite est réel à plu-
« sieurs égards, appelait des perfection-
« nements qui le rendraient plus digne
« encore des suffrages de la Société;
« nous vous proposons d'accorder sim-
« plement à l'auteur une mention hono-
« rable. »

(**Rapport de M. P. A. Dufau, adopté par la Société dans la séance du 20 juin 1838**).

« Le mémoire numéro 3 est un tra-
« vail étendu, consciencieux et fort inté-

« ressant sous divers rapports ; malheu-
« reusement l'auteur s'est trop arrêté
« à cette vue fondamentale, que tout
« consiste ici dans l'abolition même de
« l'esclavage ; il en est résulté que son
« mémoire n'est, à l'exception des der-
« nières pages, qu'un plaidoyer en fa-
« veur de l'émancipation, que l'auteur
« veut immédiate et générale, sans se
« croire obligé à indiquer les moyens
« d'y arriver (1). Son ouvrage peut être

(1) Nous aurions bien davantage encore encouru le blâme de la commission, si nous avions touché ce point qui ne rentrait pas dans les termes de la question. Au reste, si notre avis sur les moyens d'émanciper les esclaves pouvait intéresser quelque lecteur, nous le renverrons à une brochure que nous avons déjà publiée sur le même sujet : *De l'Esclavage des Noirs et de la Législation coloniale*, chez Paulin, 1833. On trouvera là, longuement élaborées, toutes nos vues sur l'émancipation et les possibilités d'exécution d'une telle mesure.

« considéré comme un fort bon résumé
« de recherches déjà faites, auxquelles
« il en a ajouté parfois de nouvelles.
« Ainsi, après avoir examiné la ques-
« tion non résolue encore de l'antério-
« rité de la civilisation éthiopienne, il
« extrait des relations de voyages tous
« les faits, si généralement inconnus
« parmi nous, qui constatent l'état so-
« cial assez avancé auquel sont parve-
« nues plusieurs nations nègres de l'A-
« frique intérieure; puis empruntant,
« trop largement peut-être (1), à un

(1) Nous permettra-t-on d'oser dire que la critique n'est pas juste. Que se proposait ici l'auteur? donner des marques d'intelligence et de génie fournies par des Nègres. Il fallait donc en demander à l'histoire, nous ne pouvions les inventer. On verra que ce qui a été emprunté à l'abbé Grégoire ne tient pas plus de quatre pages. Si la commission n'avait point oublié que le mémoire s'adressait, non pas à elle, mais à la classe de lecteurs

« remarquable écrit de l'abbé Grégoire
« lui-même, il résume les témoignages
« du progrès intellectuel présenté par
« quelques Noirs ; il passe de là à l'état
« actuel d'Haïti, des établissements de
« Sierra-Leone et de Libéria, et enfin
« des colonies anglaises depuis le grand
« acte d'émancipation. La commission
« a rendu pleinement justice au mérite
« de cet exposé, et elle pense sans doute
« que la publication en serait utile au
« progrès de la question générale d'af-

qui a des préjugés contre les Nègres, si elle avait songé que ce préjugé a pour prétexte ou pour excuse l'imbécillité native des hommes noirs, peut-être au lieu de nous reprocher d'avoir emprunté trop largement à l'ouvrage du vieux conventionnel, nous aurait-elle reproché de n'y avoir pas assez puisé. Une des meilleures publications que pourrait faire la *Société française* serait, à notre avis, de réimprimer et de répandre l'ouvrage de l'abbé Grégoire sur la *littérature des Nègres*.

« franchissement; mais la majorité de « ses membres n'a pas cru y trouver « une solution suffisante de la question « proposée. L'auteur, en effet, ne l'a- « borde nettement que vers la fin de son « travail, et les moyens qu'il indique « pour arriver à l'extinction du préjugé « sont toujours subordonnés dans sa « pensée à l'abolition de l'esclavage; ils « deviennent ainsi, en quelque sorte, « l'accessoire au lieu d'être le fond « même de l'ouvrage, et ne sont par- « conséquent pas présentés avec toute « l'importance désirable. En résumé, « si la Société avait eu à décerner un « prix sur la question même de l'aboli- « tion de l'esclavage, la commission « n'eût pas hésité à vous proposer de « l'accorder au mémoire dont il s'agit; « mais elle a du s'abstenir, puisqu'à son « avis la question proposée ne saurait

« être complètement confondue avec « l'autre. »

(Rapport de M. Dufau, adopté dans la séance du 3 juillet 1839).

Nous ne nous abusons pas sur ces éloges, où il entre sans doute beaucoup des consolations que l'on aime à donner aux vaincus, aussi n'aurions-nous point manqué de nous remettre à l'œuvre de nouveau pour nous présenter une troisième fois en lice, si nous avions espéré pouvoir satisfaire aux vues de la commission. Mais à notre sens il n'y a qu'un seul moyen de détruire le préjugé de couleur, c'est de détruire l'esclavage. Tous les concurrents, selon les rapports mêmes approuvés par la *Société*, ont été unanimes sur ce point, et c'est pour cela qu'aucun d'eux n'a pu être couronné.

Peut-être si l'abbé Grégoire revenait au monde, répondrait-il à la question posée, comme tous les concurrents ensemble.

Plus d'un membre de la *Société d'abolition* elle-même pense que le vénérable fondateur du prix ne l'a proposé contre le préjugé attaché à la couleur des Africains que par impossibilité de le proposer alors contre leur servitude. A cette époque, le droit sacré de tout homme blanc ou noir à l'indépendance n'était pas encore complètement acquis à l'humanité; il fallait garder des ménagements, dont grâce aux immenses progrès du temps sur les hautes matières sociales, nous pouvons nous affranchir. Chaque année fait sa tâche.

Instruisons les Nègres, plaçons-les dans nos écoles et nos ateliers; qu'importe après cela l'opinion que quelques hommes isolés pourront garder d'eux et de leur intelligence. Est-ce bien vraiment lorsque les distributions universitaires viennent de proclamer les noms de tant de jeunes gens de couleur, qu'il faut s'attacher à combattre un préjugé dont les restes doivent infailliblement tomber avec les chaînes de leurs pères les esclaves.

Notre foi est si complète, si entière, si absolue à cet égard, que tout en respectant l'avis de la *Société*, nous en appelons au public le juge suprême.

Après tout, de quoi s'agit-il? d'être utile à la cause de nos frères, les hommes noirs. Si le travail que nous publions peut contribuer au soulagement de leur sort et à leur délivrance, nous n'aurons rien à regretter. Tout mauvais instinct d'amour-propre s'évanouit dans une entreprise aussi noble, et quand viendra l'heure où l'un de nos rivaux gagnera la palme, nous nous réjouirons de son triomphe. Plus l'attention générale sera souvent appelée sur cette grave matière, plus il y a lieu d'espérer que la morale publique obtiendra enfin la destruction de l'esclavage des Noirs, cet exécrable legs de la barbarie antique qui déshonore la civilisation moderne.

Toute cette polémique n'est de notre part qu'une concession faite à l'amour du bien et au désir de ramener à la vérité ceux qui se trompent. Les Nègres, fussent-ils véritablement d'une espèce inférieure à l'espèce blanche, comme on le prétend ; l'Angleterre, ne dût-elle recevoir qu'une triste récompense de sa belle entreprise d'affranchissement, comme quelques intéressés l'assurent, les propriétaires d'hommes n'en seraient pas moins criminels de garder des esclaves sur les terres françaises, d'y maintenir une forme sociale que tous les bons esprits tiennent pour infâme et attentatoire à la dignité humaine.

ABOLITION DE L'ESCLAVAGE.

Position de la Question.

L'abbé Grégoire, cet ardent champion de la cause des Nègres, a voulu laisser un dernier témoignage de son amour pour la liberté et la justice. Il a inscrit dans son testament une somme consacrée à récompenser le meilleur mémoire sur cette question : *Quels seraient les moyens d'extirper le préjugé injuste et barbare des blancs contre la couleur des Africains et des sangs-mêlés* (1) ?

C'est en l'état des choses un problème difficile à résoudre. Détruire l'absurde préjugé qu'ont tous les colons et un petit nombre d'Européens contre les Noirs et les sangs-mêlés est impossible tant que l'esclavage subsistera, autrement dit, les moyens néces-

(1) Programme de la Société française pour l'Abolition de l'esclavage.

saires pour arriver à l'extirpation de ce préjugé sont incompatibles avec l'existence de l'esclavage.

Le préjugé contre la couleur des Noirs se lie intimement au fait de la domination et de l'oppression physiques que l'homme blanc exerce sur le noir. Un préjugé analogue est inhérent à toute supériorité d'un homme sur un autre. Parmi les Européens, il existe quelque chose de cela entre nous et nos serviteurs à gages, comme autrefois entre les catholiques et les juifs, comme encore aujourd'hui entre les seigneurs russes ou polonais et leurs serfs; mais le préjugé contre les Noirs tient surtout à l'incapacité cérébrale qu'on leur a toujours prêtée; or, cette incapacité est devenue une certitude pour ceux qui l'admettent uniquement, parce que les uns se sont contentés de regarder les Nègres dans l'esclavage, et que les autres ont cru les maîtres sur parole. Nous ne contestons pas que l'état moral des esclaves dans les colonies ne puisse justifier cette opinion fatale à toute leur race; nous les avons approchés, nous les connaissons, et nous savons jusqu'à quel point de dégradation ils sont descendus;

mais c'est ici qu'il faut bien distinguer l'effet de la cause.

Les Noirs ne sont pas stupides parce qu'ils sont *noirs*, mais parce qu'ils sont *esclaves*. L'infériorité intellectuelle des hommes en servitude n'est pas chose nouvelle ; les comédies antiques sont pleines de traits contre l'imbécillité des esclaves. Aristote prétend tout net qu'ils n'ont qu'une demi-âme. Les Romains, malgré leurs marchands, leurs instituteurs, leurs médecins et leurs rhéteurs esclaves, n'avaient pas plus de considération pour la classe en général. — L'atrophie de toutes facultés d'esprit est au fond de toute servitude, blanche ou noire. — Il y a longtemps qu'Homère a fait dire à Eumée : « Le jour de l'esclavage, ainsi l'a voulu le puissant Jupiter, dépouille un mortel de la moitié de sa vertu. »

On parle de l'avilissement, de la stupidité des Noirs aux colonies ; mais n'est-ce pas le produit de l'esclavage, et l'esclavage n'a-t-il pas ce résultat partout où il existe, sur quelque nature d'hommes qu'il pèse de son poids de plomb ? Les blancs même d'Europe n'en éprouvent-ils pas les mêmes effets ? — « On ne sait donc point ce que c'est qu'un serf, dit M. J. Czynski? Croirait-on que ces malheureux, presqu'entièrement privés de leurs facultés intellectuelles, ont perdu l'usage de la parole? Ils sont incapables de soutenir la plus simple conversation, d'échanger même quelques phrases sur des sujets domestiques. J'ai vu cent fois de pauvres serfs suer sang et eau pendant une heure pour expliquer une commission dont ils étaient chargés, et qu'un enfant libre de cinq ans aurait rendue en une minute. Le dictionnaire d'un serf est en harmonie avec ses occupations journalières, extrêmement limitées dans la monotonie d'un même cercle (1). » — « Que la Valachie, qui compte au moins 100,000 esclaves dans son sein, ne les abrutisse pas par de mauvais traitements et d'absurdes corrections, jusqu'à les réduire à l'état d'idiotisme, etc. (2). » —

Et pourtant le servage est bien moins horrible que l'esclavage; il laisse à l'individu

(1) *Russie pittoresque*, article intitulé : Affranchissement des blancs.

(2) *Coup-d'œil sur la Valachie et la Moldavie*, par Raoul Perrin, 1839.

bien plus d'exercice de son intelligence. — Les fauteurs de l'esclavage vont-ils dire que les serfs russes, polonais et valaques sont des Nègres blancs, des blancs de l'espèce noire et faits pour être esclaves? L'esclavage abrutit blancs ou noirs, voilà toute la vérité, et il faut ajouter, à la honte des Français du Nord, qu'ils n'ont jamais rien fait pour l'amélioration du sort de leurs serfs et leur acheminement nécessaire à la liberté.

Nous voulons donc établir que la prétendue pauvreté intellectuelle des Nègres est une erreur créée, entretenue, perpétuée par l'esclavage; conséquemment ce n'est point leur couleur mais la servitude qu'il faut haïr.

De cette façon, nous sommes amenés à diviser notre travail à-peu-près comme les orateurs sacrés divisent leurs discours. Dans une première partie nous irons avec les voyageurs en Afrique étudier les Nègres chez eux; nous rapporterons des récits textuels, et nous examinerons si les Africains sont aussi barbares qu'on le croit. Dans la seconde, nous les verrons transportés en Amérique et trouvant assez de force au fond de leur âme pour soulever quelquefois leurs chaînes. Si nous parvenons ainsi à démontrer que la nature les a doués de facultés semblables aux nôtres, nous aurons, selon notre avis, fort avancé la question ; nous aurons répondu presque complètement à la pensée de M. Grégoire.

Pour ce qui est d'extirper présentement le préjugé, nous exposerons dans une troisième partie que le principal, le meilleur moyen entre tous, ce serait d'émanciper nos esclaves pour les mettre à même d'égaler leurs maîtres.

Antériorité de la civilisation éthiopienne.

Avant de passer outre, il y aurait peut-être une première question à soulever, celle de savoir si les Africains, au lieu d'être un peuple encore dans l'enfance, ne seraient pas, au contraire, un peuple tombé en décadence ; si les Nègres, après avoir été la souche de toute société policée, n'auraient point vu, antérieurement à l'histoire connue, le sceptre du monde aller en d'autres mains, comme depuis l'histoire connue on a vu l'Inde, l'Égypte, l'Arabie, la Grèce, autrefois si lumineuses, s'obscurcir, s'éteindre et nous laisser à nous autres barbares d'Occident la tâche de l'avenir.

Fabre d'Olivet est de cet avis : « La race « noire existait dans toute la pompe de l'état « social ; elle couvrait l'Afrique entière de « nations puissantes émanées d'elle ; elle « connaissait la science de la politique et sa- « vait écrire. » La race blanche était alors, selon cet auteur, « à l'état sauvage » (1).

« Quel sujet de méditation, dit Volney, de penser que cette race d'hommes noirs, aujourd'hui notre esclave, est celle-là même à laquelle nous devons nos arts, nos sciences et jusqu'à l'usage de la parole (2) ! »

La couleur noire étant, selon le philosophe Knight, l'attribut de la race primitive dans tous les animaux, il penche à croire que le Nègre est le type originel de l'espèce humaine (3).

Hérodote et Diodore de Sicile, de tous les

(1) *De l'Etat social de l'homme.*

(2) *Voyage en Syrie et en Égypte :* Des diverses races des habitants de l'Egypte.

(3) *The progress of civil society*, 1796, cité par M. Grégoire.

anciens qui avaient écrit l'histoire de l'Égypte les deux seuls qui nous aient été conservés; Hérodote et Diodore, qui avaient puisé les éléments de leur narration aux sources vives, aux traditions sacerdotales, s'accordent à voir dans quelqu'émigration éthiopienne le principe de la vieille civilisation de Thèbes. Hérodote, lorsqu'il parle des Colchidiens, les suppose de race *égyptienne*, par la raison qu'ils ont la *peau noire et les cheveux crépus*, et de plus qu'ils sont avec les Éthiopiens et les Égyptiens les seuls peuples qui pratiquent la circoncision (1). Diodore est, par les mêmes motifs, du même sentiment sur l'origine égyptienne des habitants de la Colchide. C'est, à son avis, dans la grande expédition de guerre poussée par Sésostris à travers l'Inde et l'Asie, que ce conquérant aurait laissé quelques-uns de ses Égyptiens aux environs du Palu Méotide (2). Diodore nous dit d'une manière formelle

(1) Hérodote, liv. II, sect. CIV, traduction de M. Miot.

(2) Diodore de Sicile, liv. I, sect. II, traduction de l'abbé Terrasson.

« que les Éthiopiens regardaient les Égyptiens comme une de leurs colonies (1). » Et le fait est que les Égyptiens ressemblaient considérablement aux noirs. La figure des sphinx a le type nègre ; les têtes des momies de la collection du Louvre sont tout-à-fait des têtes de nègres, grosses lèvres, nez épaté, bas de visage fort et carré. Hérodote, qui avait voyagé en Égypte, revient sur la couleur des Égyptiens dans l'exégèse qu'il fournit de la fable des Dodonéens : ceux-ci voulaient que leur fameux oracle eût été établi par des colombes noires; Hérodote explique très-ingénieusement que ces colombes étaient des femmes, « car, dit-il, les Dodonéens, en ajoutant que ces prétendues colombes étaient noires, désignent clairement que les femmes étaient d'origine égyptienne (2). »

Au surplus, les relations de métropole à colonies étaient perdues depuis longs siècles; mais bien que l'Éthiopie se fût déjà isolée du mouvement humain, l'histoire cependant nous la montre de loin en loin manifestant sa

(1) Diodore de Sicile, liv, I, sect. II.
(2) Hérodote, liv. II, ch. LVII.

force et son intelligence ; ainsi l'on voit, dans Diodore (1), un Actisanes, roi d'Éthiopie, déclarer la guerre au roi Amasys, le vaincre et faire tomber l'Égypte au pouvoir des Éthiopiens. Actisanes traita favorablement ses nouveaux sujets ; il adoucit la pénalité des codes et abolit la peine de mort que les lois prononçaient contre les simples voleurs : il se contenta de leur faire couper le nez. C'était le supplice des femmes adultères. Bien que la modification ne soit pas de notre goût, cette différence du nez à la tête tout entière nous semble passablement avancée pour un législateur nègre. — Ce ne fut qu'après la mort d'Actisanes que les Égyptiens purent recouvrer la liberté, et élurent un roi de leur nation, Mendès. Plusieurs siècles après, une nouvelle guerre met encore un Éthiopien, Sabacos (1), sur le trône d'Égypte. Hérodote et Diodore s'accordent à dire qu'il se distingua par la douceur de son

(1) Liv. I, sect. II.

(2) On voudra peut-être objecter que Sabacos était un roi pasteur ; mais les pasteurs étaient aussi des hommes noirs. Ne différant que par les cheveux qu'ils avaient longs et lisses, habitants du même plateau,

règne : chose remarquable ; il va plus loin qu'Actisanes ; il abolit tout-à-fait la peine de mort, et ordonne que le dernier supplice soit remplacé par des condamnations aux travaux publics ; « il jugea, selon Diodore, qu'en sauvant la vie à ces misérables, il changerait une cruauté infructueuse en une punition dont l'Égypte tirerait de grands avantages. » Ces idées de haute économie politique qu'apportent des rois éthiopiens sur des trônes conquis n'indiquent-elles pas que les spéculations sociales étaient poussées dans leur pays à de grandes profondeurs ? Avons-nous besoin de faire remarquer que la majorité des parlements européens n'a

ayant le même génie, ils étaient confondus avec les Nègres leurs frères sous le nom général d'Ethiopiens. Les Madianites, chez lesquels se réfugia Moïse, étaient originaires d'Ethiopie, et faisaient partie de ces nombreuses peuplades de pasteurs qui avaient autrefois conquis l'Egypte. La fille du grand-prêtre que Moïse épousa, Zepporah, était donc assez probablement une Négresse ; voilà pourquoi Marie et Aaron parlèrent contre Moïse, à cause de sa femme qui était Ethiopienne (étrangère). [Nombres, ch. XII, v. 1.] On sait que la loi défendait aux Israélites de contracter alliance avec l'étranger.

pas encore atteint l'élévation de principes du roi noir Sabacos, qui ne remonte pas à plus de 740 ans avant notre ère. Après un règne de 50 ans, il abdiqua volontairement et quitta l'Égypte avec ses Éthiopiens.

Diodore consacre une bonne partie des livres II et III de son *Histoire universelle* à retrouver les traces déjà perdues alors de l'antique civilisation éthiopienne. Il s'étend volontiers sur ce sujet, qui l'intéresse évidemment par sa difficulté même. « Quelques au- « teurs originaires d'Égypte ont examiné la « question dont il s'agit et s'accordent pres- « que en tout. Pour moi, dans les temps que « je voyageais en Égypte, je me suis rencon- « tré avec des prêtres égyptiens et des am- « bassadeurs éthiopiens, et ayant recueilli « avec soin ce que je leur entendais dire, « sans manquer d'ajouter ce que j'ai trouvé « dans les meilleurs historiens, j'ai composé « cette partie de mon ouvrage de ce qui « m'a paru le plus généralement avoué par « les uns et par les autres (1). » « Les « Éthiopiens se disent les premiers de tous

(1) Liv. III.

« les hommes, et ils en donnent des preuves « qu'ils jugent évidentes. Il est vraisemblable « qu'étant situés directement sous la route « du soleil. ils sont sortis de la terre avant « les autres hommes. » — Ce *vraisemblable*, qui effarouche un peu d'abord, tient à des croyances cosmogoniques venues de l'Inde et que partagèrent plusieurs des premiers philosophes grecs : excusons Diodore le Sicilien. Quoiqu'il en soit, on voit que les conjectures des savants modernes peuvent s'appuyer au moins sur l'opinion que les anciens Éthiopiens avaient d'eux-mêmes. « Ils « disent aussi que ce sont eux qui ont institué « le culte des Dieux, les fêtes, les assemblées « solennelles, les sacrifices, en un mot, tou- « tes les pratiques par lesquelles nous hono- « rons la Divinité. » Leurs offrandes passaient pour être les plus agréables aux Dieux. Ceux-ci ne manquaient jamais d'aller tous à de certains sacrifices annuels que leur faisaient les hommes noirs. Diodore, (1) pour preuve, cite Homère :

Jupiter aujourd'hui, suivi de tous les Dieux,
Des Ethiopiens reçoit les sacrifices.

(*Iliade*, liv. II, v. 422.)

(1) Toujours liv. III.

C'est qu'effectivement, à en croire les Éthiopiens, ils auraient envoyé à Priam un corps de 10,000 soldats sous la conduite de Memnon. « Ces barbares assurent *que cela est « ainsi raconté dans les annales de leurs « rois*. Ils soutiennent aussi que l'Égypte leur « doit la plus grande partie de ses lois et la « coutume de garder les corps de leurs pa- « rents dans l'endroit le plus apparent de leur « maison (1). Ils font remarquer que dans « l'une et l'autre nation les prêtres obser- « vent les mêmes coutumes et que les rois « portent un sceptre semblable. » Et comme si Diodore craignait que les ennemis des Nègres nous voulussent refuser aujourd'hui de voir leurs ancêtres dans ces Éthiopiens si ambitieux de toute civilisation, il termine en disant : « *Presque tous les Éthiopiens ont la peau noire, le nez camus et les cheveux*

(1) Hérodote décrit de même cet usage comme appartenant aux Ethiopiens-Macrobiens (Ethiopiens à longue vie liv. III, sect. XXIV). Bruce pense que les Macrobiens d'Hérodote ne sont autres que les Shangallas modernes, dont les tribus sauvages et nues errent aujourd'hui dans les forêts de l'Abyssinie, aux environs de Gondar (Liv. IV des *Annales d'Abyssinie*, règne des Oustas ; dans le *Voyage aux sources du Nil.*)

crépus (1). » Il a du reste rencontré des marchands éthiopiens qui, forcés en traversant la mer Rouge de relâcher sur les côtes, « y avaient vu un peuple qui n'avait jamais soif et ne savait ce que c'était que de boire. » — Encore un trait de similitude entre les Nègres et nous; ceux qui viennent de loin mentent toujours.

Le chevalier Bruce, qui explorait en 1768 les lieux où fut autrefois la grandeur civilisatrice des Éthiopiens, confirme tout-à-fait les récits et les opinions que nous venons de rapporter.

« Les Abyssiniens conservent une tradition qu'ils disent avoir eue de temps immémorial; c'est que, peu après le déluge, Cush, petit-fils de Noé et ses enfants passèrent en Afrique, où, encore épouvantés par le souvenir du déluge et ne voulant pas habiter les plaines, ils se creusèrent des demeures dans la roche des montagnes. Cependant à la fin ils commencèrent par bâtir au pied de leurs cavernes la ville d'Axum, avant même la naissance d'Abraham. Bientôt après ils étendirent leurs

(1) Liv. III.

colonies jusqu'à Atbara (la Nubie actuelle), où nous savons, par le témoignage d'Hérodote, qu'ils cultivèrent les sciences très-anciennement et avec beaucoup de succès. (Hérod., liv. II, chap. 29.) De là ils allèrent plus loin fonder Meroé (aujourd'hui Gerri), et ne perdirent pas de temps pour s'avancer jusqu'à Thèbes, que nous savons bâtie par une colonie d'Éthiopiens. Partout ils s'occupaient d'astronomie avec ardeur (1). » « Les noirs éthiopiens qui s'établirent au-dessus de Thèbes consacrèrent beaucoup de soins aux lettres, ils réformèrent les caractères hiéroglyphiques, et, n'en doutons pas, ils inventèrent l'alphabet syllabique dont on se sert jusqu'à présent en Abyssinie (2). » Bruce a vu à Axum, en Abyssinie, « de prodigieux fragments de statues colossales, » et à Gerri des ruines qu'il n'hésite pas à leur attribuer (3). « Pour moi, je pense qu'Axum fut la superbe

(1) Bruce, *Voyage aux sources du Nil*, liv. II ; ch. 1, traduction de Castera.

(2) Liv. III des *Annales d'Abyssinie*, règne de Bada. Bruce.

(3) Liv. II, ch. 1 du *voyage*.

« métropole de ce peuple commerçant, de « ces Troglodites éthiopiens, appelés avec « plus de propriété Cushites, parce que, « comme je l'ai déjà expliqué, les Abyssi- « niens ne bâtissaient point anciennement « de cités; et on n'en trouve aucunes ruines « dans toute l'étendue de leurs pays. Mais « les Nègres, les Troglodites, que l'Ecriture « désigne sous le nom de Cushs, ont élevé « en beaucoup d'endroits des édifices très- « grands, très-magnifiques et très-coûteux. « Par exemple, à Azab, les monuments de « ce peuple semblent avoir été dignes des « richesses d'un pays qui fut, dès les pre- « miers âges, le centre du commerce de l'In- « de et de l'Afrique, et dont, quoique « païenne, la souveraine fut donnée comme « un modèle aux autres nations, et choisie « pour contribuer à l'édification du premier « temple que l'homme ait élevé au vrai « Dieu (1). » « On ignore d'où dérivent « les noms de leurs mois, mais il est « certain qu'ils n'ont de signification dans « aucune des langues qu'on parle en Abys-

(1) Liv. V, ch. V.

« sinie. Ces noms qu'ils ont conservés sont « peut-être plus anciens encore que ceux des « Égyptiens ; ils furent vraisemblablement « employés par les Cushs avant les calen- « driers de Thèbes et de Meroé. » (Liv. v, ch. 12.) « Toute cette chaîne de montagnes « qui va de l'est à l'ouest, renfermant Der- « kim et Atbara au sud, et où commencent « les contrées montueuses de l'Abyssinie « (c'est l'Ethiopie ancienne), est habitée par « les Nègres cushites, aux cheveux laineux, « qui, après avoir été le peuple le plus cultivé « de l'univers, est tombé par un destin étran- « ge dans une ignorance brutale, et se voit « maintenant chassé par ses voisins au fond « de ces mêmes forêts, où il vivait jadis au « sein de la liberté, de la magnificence et « du luxe. » (Liv. II, ch. 1er.) Ces Nègres troglodites (Troglodites, habitants des cavernes), qui fondèrent les premières écoles de sciences, pénétrèrent, pour échapper aux pluies des tropiques qui les empêchaient une partie de l'année de faire des observations correspondantes à celles de leurs frères de Thèbes et de Meroé, pénétrèrent au-delà des tropiques du sud et s'établirent dans de hautes montagnes appelées Sofala, qui recélaient beaucoup de mines d'or et d'argent, et qui devinrent la source de leurs richesses. (Liv. II, ch. 3.)

Les montagnes de Sofala sont enfermées dans cette partie prolongée de l'Afrique que l'on nomme aujourd'hui Cafrerie. Le moine dominicain Juan dos Santos, qui a vu les mines de Sofala en 1586, dit qu'elles paraissent avoir été exploitées depuis les premiers siècles. Près de ces excavations, il subsiste encore des restes considérables de bâtiments construits avec des pierres et de la chaux, et tous les Cafres gardent parmi eux la mémoire que ces ouvrages ont appartenu autrefois à la reine de Saba, et qu'ils furent bâtis dans le temps du commerce de la mer Rouge et pour ce commerce (1).

Nous ne pousserons pas plus loin la proposition de la civilisation antérieure des Africains; elle ne serait point en son lieu, et nous ne possédons pas d'ailleurs toute la science qu'exigerait une telle question. Nous

(1) *Voyage de dos Santos*, publié par Legrand, et cité par Bruce, même ouvrage. liv. II, ch. 3.

avons voulu seulement l'indiquer, afin de montrer que si les colons ne tarissent point sur la *stupidité native* des Noirs, il est de très-savants hommes qui ont trouvé ces Noirs assez bons pour en faire les éclaireurs de l'humanité. — Encore un mot : quand nous parlons de l'illustration de l'Ethiopie, nous ne prétendons pas l'étendre à toute l'Afrique ; nous avons en vue de démontrer qu'une race nègre a été civilisée, ce qui ne prouve pas, cela est clair, que la race entière l'ait été, mais bien qu'elle est susceptible de l'être, et ce dernier point est le seul auquel tendent nos recherches.

CHAPITRE I.

LES NÈGRES EN AFRIQUE.

§ I. — *Tous les voyageurs s'accordent à représenter l'état social des nations de l'intérieur de l'Afrique comme assez avancé.*

C'est une chose importante pour notre thèse que la grande majorité des voyageurs qui ont visité l'Afrique; Hollandais, Français, Anglais en sont revenus avec des idées favorables aux Nègres. Mungo-Park, le premier, nous fournit de précieux renseignements de toute nature (1).

La ville de Sego, capitale de Bambara, consiste, nous apprend-il, en quatre grandes

(1) *Voyages et Découvertes dans l'intérieur de l'Afrique*, par Mungo-Park, 1795.

divisions ou quartiers, que traverse la rivière Joliba ou Niger. Les mosquées, les maisons de deux étages, construites en argile, les bateaux couvrant le fleuve, la population, qu'il estime d'environ 30,000 âmes; les campagnes cultivées des environs, tout lui présenta un aspect de civilisation qu'il ne s'attendait pas, dit-il, à voir au centre de l'Afrique. Dans tout le pays des Mandingues il a trouvé des étoffes de coton tissées et teintes sur les lieux, puis converties en vêtements cousus avec des aiguilles de fabrique indigène. Il a vu exercer des industries de toutes espèces. « Les Nègres composent avec un de leurs grains une bière excellente, en faisant fermenter la semence à-peu-près comme on traite l'orge en Angleterre. Ils font de la poudre, manufacturent des poteries d'une grande solidité, tannent les peaux de bœufs, de moutons ou de chèvres, et ont acquis l'art de les teindre en jaune et en rouge d'une manière inaltérable. L'intérieur du pays des Mandingues abonde en riches mines de fer, que les habitants savent exploiter; les fourneaux dont ils se servent pour la fonte du minerai sont d'une construction simple et parfaitement adaptée à l'objet. » — « Pendant mon séjour à Kamalia, je sus qu'il y avait un fourneau non loin de la hutte où je logeais ; le propriétaire et les ouvriers ne firent aucune difficulté de me laisser voir leurs travaux. Avec ce fer d'une trempe un peu molle, ils fabriquent des lances, des boues, toutes les armes, tous les ustensiles dont ils ont besoin. Ils travaillent de même leur or natif ; non-seulement ils le savent fondre avec un sel alkali qu'ils preparent, mais ils en font des bijoux, tels que bracelets, colliers, pendants d'oreille. Ils tirent aussi l'or en fil et en fabriquent plusieurs ornements avec beaucoup d'intelligence et de goût. »

Dans le cours de sa marche à travers le royaume de Bambara, le voyageur anglais fut plusieurs fois redevable de ses moyens d'existence aux *doutys* des villes par lesquelles il passait. Les *doutys* possèdent en quelque façon l'autorité des maires chez nous. Leurs fonctions consistent à entretenir l'ordre, à percevoir les droits du fisc, ceux qu'on impose aux voyageurs, et à présider toutes les assemblées qui ont pour but l'administration de la justice. Les jugements ont lieu en plein air avec une solennité convenable. Le tribunal, appelé *palaver*, est composé des anciens du village ; les deux parties discutent contradictoirement et librement ; les témoins sont entendus avec attention, et tout cela est public ; « les avocats égalent dans l'art de la chicane les plus habiles plaideurs d'Europe. »

Voilà le peuple qu'on nous représente comme grossier et absolument sauvage ; voilà les hommes pour lesquels un ancien délégué des Colons de la Guadeloupe dit « que l'esclavage est un moyen de perfectionnement social, une initiation aux bienfaits de la civilisation (1) ». Le bâton de créole élément de civilisation !!

L'amour de la vérité est une des premières leçons qu'une mère mandingue donne à son enfant. Mungo-Park rencontra une vieille femme qui suivait le corps de son fils blessé mortellement, elle pleurait beaucoup, et la seule consolation qu'avait cette infortunée était de s'écrier : « Jamais il ne dit un mensonge, jamais, jamais. »

(1) *De l'Affranchissement des esclaves*, (1836) par M. Lacharrière, délégué des blancs de la Guadeloupe.

Mungo-Park éprouva plusieurs fois la charité des Nègres. Il raconte entre autres une aventure pleine de grâce et d'un charme austère. « Je fus obligé, c'était près de Ségo, de « m'asseoir au pied d'un arbre sans avoir rien « à manger. Vers le soir, une femme revenant « des travaux de la campagne s'arrêta pour « m'observer, et, remarquant mon air fatigué, « elle s'informa de ma situation. Je l'en ins- « truisis en peu de mots ; alors elle prit la « bride de mon cheval que j'avais déjà des- « sellé, et d'un air de bonté me dit de la sui- « vre. Elle me conduisit dans sa hutte, allu- « ma une lampe, étendit une natte, m'enga- « gea à me coucher et sortit. Elle revint bien- « tôt avec un poisson à la main, le fit griller « légèrement sur des cendres, et me le donna « à manger. Après avoir ainsi accompli les « devoirs de l'hospitalité, ma respectable hô- « tesse me montra la natte du doigt et me dit « que je pouvais dormir là en toute sécurité. « Puis s'adressant aux autres femmes de sa « famille qui étaient venues et s'occupaient « à me regarder avec étonnement, elle leur « dit de prendre leur ouvrage habituel qui « consistait à filer du coton. Elles se livrèrent

« à cette tâche une partie de la nuit. Elles
« entremêlaient leur travail de chansons. J'en
« remarquai une qu'elles improvisèrent et
« dont j'étais moi-même le sujet. Une jeune
« fille chantait seule, et de temps en temps
« ses compagnes joignaient leurs voix à la
« sienne en forme de chœur. Ce chant était
« modulé sur un air doux et plaintif; j'en ai
« retenu les paroles dont voici la traduction
« littérale :

Le vent mugit dans les airs ; la pluie tombe à flots précipités ; le pauvre homme blanc, faible et abattu, est venu s'asseoir sous notre palmier. Hélas ! il n'a point de mère pour lui présenter du lait, point d'épouse pour lui moudre son grain.

Le Chœur : Prenons pitié du pauvre homme blanc ! il n'a point de mère pour lui présenter, etc..

Les vierges grecques du sublime aveugle ont-elles une simplicité de mœurs plus délicate, une voix plus gracieuse que celle des vierges africaines qui improvisent et chantent doucement pour endormir l'homme pâle recueilli par leur sœur ? Peut-être la fille de cette bonne femme ou de quelqu'une de ces charmantes fileuses a-t-elle été volée à sa mère, livrée à un négrier, et creuse-t-elle aujourd'hui la terre sous le fouet d'un commandeur !

Dans une autre occasion, Mungo Park, racontant comme il a vu à Jumba chez les Feloofs un frère venir plein de joie au devant d'un frère absent depuis quatre années, et une vieille mère aveugle toucher les bras et le visage de cet homme avec une tendre anxiété, ajoute : « Je sentis alors que si la na-
« ture a mis quelque différence entre les hom-
« mes dans la conformation du visage et la cou-
« leur de la peau, elle n'en a mis aucune dans
« l'expression des sentiments naturels qu'elle
« a déposés au fond de tous les cœurs ! »

Nous ne pouvons résister au plaisir de citer un épisode délicieux du voyage du major Denham, qui rentre tout-à-fait dans l'idée que vient d'exprimer Mungo Park. Au milieu d'une expédition que le major fit dans le Mandara, il s'arrête à Yeddie, petit village près de la ville d'Angornou. On entoure sa case comme à l'ordinaire, mais il n'y laisse entrer que trois ou quatre femmes à la fois. « J'en vis près d'une centaine ; il y en
« avait de très-jolies et d'une naïveté char-

« mante. Je n'avais qu'un miroir à leur mon-
« trer, c'était probablement ce qui pouvait
« leur faire le plus de plaisir. L'une insista
« pour amener sa mère, une autre sa sœur,
« afin de voir la figure de celle qu'elle ché-
« rissait le plus réfléchie à côté de la sienne
« propre, ce qui semblait leur causer une sa-
« tisfaction extrême, car en voyant l'image
« répétée dans le miroir, elles embrassaient
« à plusieurs reprises l'objet de leur affection.
« Une femme très-jeune et de la physionomie
« la plus intéressante, ayant obtenu la per-
« mission d'apporter son enfant, revint un
« instant après en le tenant dans ses bras;
« elle était réellement transportée de joie;
« des larmes lui coulèrent le long des joues
« quand elle aperçut le visage de l'enfant
« dans le miroir, et le bambin frappait des
« mains en signe du contentement qu'il éprou-
« vait, en se voyant dans la glace (1) ».

« Si dans cet endroit ou dans toute autre

(1) *Voyages et découvertes dans le nord et les parties centrales de l'Afrique*, par le major Denham, le capitaine Clapperton et feu le docteur Oudney, 1824, ch. 3.

partie de mon journal, dit le major Denham en finissant (ch. 7), on trouve que j'ai parlé trop favorablement des Africains au milieu desquels nous nous trouvions jetés, je répondrai simplement que je les ai dépeints tels que je les ai vus; hospitaliers, bienfaisants, honnêtes et généreux. Jusqu'au dernier moment de ma vie, je me les rappellerai avec affection. Oui, il y a dans le centre de l'Afrique plus d'un enfant de la simple nature qui se distingue par des principes et des sentiments dont s'honorerait le chrétien le plus civilisé. (Chap. 7.) »

Mungo Park, qui est un homme éclairé, mais très-simple, et qui n'a évidemment pas de parti pris dans un sens ni dans l'autre, penche de même toujours en faveur des Nègres, lorsqu'il compare le bien et le mal qu'il a trouvés chez eux. « D'un autre côté, pour « compenser cette disposition au vol, quand « même je la supposerais inhérente à leur « nature, je ne puis oublier la charité désin- « téressée, la tendre sollicitude avec laquelle « ces bons Nègres, depuis le roi de Ségo jus- « qu'aux pauvres femmes qui en divers temps « me reçurent, mourant de faim, dans leurs

« chaumières, compâtirent à mes malheurs et
« contribuèrent à me sauver la vie. Je dois au
« reste plus particulièrement ce témoignage
« aux femmes qu'aux hommes. Ceux-ci, com-
« me le lecteur a pu le voir, m'ont quelque-
« fois bien accueilli, mais quelquefois très-
« mal. Cela variait suivant le caractère par-
« ticulier de ceux à qui je m'adressais. Dans
« quelques uns, l'endurcissement produit par
« l'avarice, dans d'autres, l'aveuglement du
« fanatisme avaient fermé tout accès à la pi-
« tié; mais je ne me rappelle pas un seul
« exemple de dureté de cœur chez les fem-
« mes. Dans ma plus grande misère et dans
« toutes mes courses, je les ai constamment
« trouvées bonnes et compâtissantes, et je
« peux dire avec vérité, comme l'a dit élo-
« quemment avant moi mon prédécesseur,
« M. Leydyard : « Je ne me suis jamais adres-
« sé à une femme que je n'aie reçu d'elle une
« bonne réponse. Si j'avais faim ou soif, si
« j'étais mouillé ou malade, elles n'hésitaient
« pas, comme les hommes, à faire une action
« généreuse. Elles venaient à mon secours
« avec tant de franchise que, si j'étais altéré,
« le breuvage qu'elles m'offraient en prenait

« une douceur extrême, et si j'avais faim l'a-
« liment le plus grossier me paraissait un mets
« délicieux. »

« La tendresse maternelle, qui ne connaît « ici ni la contrainte, ni les distractions de « la vie civilisée, est remarquable chez ces « peuples. Le plus tendre retour de la part « des enfants en est la récompense.—« Frap- « pez-moi, me disait mon domestique, mais « ne maudissez pas ma mère! » J'ai vu par- « tout régner le même sentiment, et j'ai ob- « servé dans toute l'Afrique que le plus grand « affront qu'on pût faire à un Nègre, c'était « de parler avec mépris de celle qui l'avait « mis au monde. » Dites, dites encore que ces hommes et ces femmes-là sont d'une *stupidité bestiale* et que, quand ils arrivent aux colonies, *il faut leur montrer à manger* (1)!

Tout le monde sait que les Nègres aiment passionnément la musique. Parmi de nombreux instruments, le voyageur anglais cite le *kouting*, espèce de guitare à trois cordes, le *simbing*, petite harpe à sept cordes, et la *korro*, grande harpe à DIX-HUIT CORDES.

(1) *Revue de Paris*, septembre 1836.

Mungo Park a partout rencontré de certains chanteurs improvisateurs, vrais bardes africains. Il n'y a pas de fêtes sans un *jilly-kea* : « on en trouve plusieurs dans chaque ville. « Ils improvisent des chansons en l'honneur « de leurs chefs ou de toutes les personnes « disposées à donner un solide dîner pour un « vain compliment. Une fonction plus noble « de leur profession consiste à raconter les « événements historiques du pays. C'est pour « cela qu'à la guerre ils accompagnent les « soldats sur le champ de bataille, afin d'exci« ter en eux une noble émulation en leur « chantant les hauts faits de leurs ancêtres. »

Bruce, en revenant de son voyage d'Abyssinie, a passé par le Sennaar, dont tous les habitants parlent arabe outre leur langue natale. Les Nègres qui fondèrent ce royaume sortaient de la rive occidentale du fleuve blanc, et conquirent le pays sur les Arabes, lesquels sont restés leurs tributaires. Ce sont eux qui bâtirent la ville de Sennaar; ils y ont des registres où Bruce trouva le nom de tous leurs rois et la date de leur règne par ordre chronologique, depuis l'an 1504, époque de la conquête, Ces Nègres appelés originairement

Shillooks pratiquent, comme leurs voisins les Nubas et les Gubas, l'inoculation de la petite vérole, « de temps immémorial (1) ».

« Les habitants du pays de la Houssa, selon Horneman (2), donnent aux instruments tranchants une trempe plus fine que ne le savent faire les Européens ; leurs limes sont supérieures à toutes celles de France et d'Angleterre. »

M. G. Mollien met en tête de sa préface résumée (3) : « Mes récits serviront à prouver que les Nègres, que nous regardons comme des barbares, loin d'être dépourvus de connaissances ne sont guère moins avancés que la plupart des habitants de la campagne en Europe. La religion de Mahomet, qu'ont embrassée presque toutes les nations Africaines que j'ai rencontrées, a éclairé leur esprit, adouci leurs mœurs, et détruit chez elles ces coutumes cruelles que conserve l'homme dans l'état sauvage. » Le

(1) *Voyage aux sources du Nil*, liv. VIII, ch. 9.

(2) *Voyages en Afrique* publiés à Londres en 1802.

(3) *Voyage dans l'intérieur de l'Afrique*, fait en 1818 par ordre du gouvernement français. 1re édition, 1820.

même auteur, devenu consul général de France à la Havane, a écrit depuis que ces Africains « aussi avancés que la plupart de nos paysans d'Europe » *gagnaient par l'esclavage sous le rapport moral* (1) !

Caillé, qui avait pénétré jusqu'à Tombouctou, Caillé dont le courage honorait tant la France et que la France a laissé mourir oublié, a vu, dans tous les pays qu'il a parcourus pour arriver à Jenné, de la monnaie, des marchés, des douanes et même des mendiants. N'est-ce pas de la civilisation ? Laissons-le parler lui-même(2). « Le peuple qui habite les bords « de la fameuse rivière d'Hioliba (sans nul « doute le Joliba de Mungo Park, c'est-à-dire « le Niger) est industrieux ; il ne voyage pas, « mais il s'adonne aux travaux de la campa« gne, et je fus étonné de trouver dans l'in« térieur de l'Afrique l'agriculture à un tel

(1) Mémoire adressé au ministère des affaires étrangères vers la fin de 1837, et communiqué par ce ministère à la commission Passy, 1838. Nous en devons l'extrait à l'obligeance de M. Isambert.

(2) Journal d'un voyage à Tombouctou et à Jenné dans l'Afrique centrale.

« degré d'avancement. Près de la rivière de « Saranto, je vis de très-beaux champs de riz « en épis, et des bergers aux environs gardant « des troupeaux de bœufs. Ils avaient des fla- « geolets en bambou desquels ils tiraient des « sons très-harmonieux. »

Arrivé à Jenné, voici ce que dit Caillé : « Le chef a établi des écoles publiques en cette « ville, où tous les enfants vont étudier gra- « tis. Les hommes ont aussi des écoles suivant « les degrés de leurs connaissances. Les ha- « bitants de Jenné sont très-industrieux et « très-intelligents. On trouve dans cette ville « des tailleurs, des forgerons, des maçons, « des cordonniers, des emballeurs, des porte- « faix. Elle expédie beaucoup de marchan- « dises à Tombouctou, on y fait le commer- « ce en gros et en détail ; il y a des mar- « chands, des négociants, des pacotilleurs, et « dans toute la contrée on se sert de monnaie « comme moyen d'échange. » — Tous mani- festent une égale surprise en présence de ce qu'ils rencontrent de bien. Ils étaient si per- suadés au départ qu'ils allaient chez des sau- vages, qu'aucun d'eux ne put s'empêcher de faire cette même remarque : *on se sert de monnaie comme moyen d'échange.*

Caillé en parlant des écoles établies à Jenné nous fait souvenir que Mungo Park en a également rencontré dans le Mandingue et le Bambara. Parmi les cent trente esclaves qu'emportait le Négrier sur lequel Mungo passa en Amérique, il en compta vingt-cinq qui avaient été en Afrique de condition libre; ceux-là pour la plupart, dit-il, étaient musulmans et *savaient écrire un peu d'arabe* (chap. 26). — Il ne faut pas du tout croire en effet que ces Nègres, qu'on nous représente encore comme à l'état sauvage, ignorent l'art de transmettre la pensée au moyen des signes. Bruce a trouvé l'écriture dans tout le royaume de Sennaar, comme dans celui d'Abyssinie. Le major Denham avec Clapperton l'ont vu de même en usage chez les Bournouens et les Felatah, au nord de l'Afrique. Le Major eut à Tripoli quelques renseignements sur Tombouctou, grâce à deux lettres écrites de cette ville qui lui furent communiquées par un conducteur de caravanes. — « J'ai lu des livres qui parlaient des chrétiens » lui dit Thar, chef d'un peuple appelé les Dogganah sur les rives orientales du lac Tchad. Ce même chef voulait *écrire* une lettre au roi d'Angleterre (1).

Ecoutons maintenant les frères Lander au retour de leur premier voyage : « il nous ar-« rive journellement d'être salués sur la route « par des acclamations bienveillantes et des « souhaits tels que ceux-ci : J'espère que vous « trouverez le sentier commode! Dieu vous bé-« nisse, hommes blancs ! » « A mesure que l'on « approche de Yaourie, on aperçoit de tous « côtés de vastes champs cultivés en blé, en « riz, en indigo et en coton. Les labou-« reurs occupés à ces cultures sont accompa-« gnés d'un tambour qui, par le son de son « instrument, les anime et les aiguillonne au « travail. » Ces Nègres si barbares, ils ont mis en pratique une des pensées les plus fécondes de Fourier!

Citons encore un passage de ce premier voyage des frères Lander : « La toile que fa-« briquent les habitants de Zangoskie est aus-« si belle que celle de Nesffé. Les robes et les

(2) Ouvrage déjà cité, ch. 7.

« pantalons qu'ils en font sont parfaits et ne « déshonoreraient pas une manufacture an- « glaise. Nous avons vu aussi des bonnets qui « ne sont qu'à l'usage des femmes. C'est un « tissu de coton entremêlé de soie, et d'un « travail exquis ».

Dans son journal du voyage de 1832, où les intrépides Lander périrent si fatalement, M. Laird ne présente pas les Nègres sous un jour moins heureux.—Les Anglais remontent le fleuve du Nun et le Niger, dont ils trouvent les bords peuplés de villes et de villages. Au dessous d'Eboé, où se récolte particulière- ment l'huile de palmier, ils trouvent Attah. placée avec un discernement parfait à l'entrée de la vallée du Niger, puis, en remontant le Niger, la ville Bocqua où, *tous les dix jours* se tient sur un banc de sable une foire qui dure trois jours et à laquelle se rendent *des milliers* de marchands.

« Les rives du fleuve à l'embouchure du « Shary qui vient se verser dans le Niger sont « couvertes de villes et de villages ; j'en ai « pu compter sept du lieu où nous étions. « Entre Eboé et le confluent des fleuves, il ne « peut y en avoir moins de quarante. Sous

« le rapport intellectuel, ces peuples sont de « beaucoup supérieurs à ceux des pays ma-« récageux voisins de la mer. Ils sont rusés, « de perception vive, de dispositions plus dou-« ces et d'habitudes plus paisibles. Le com-« merce entre les villes riveraines est actif; « il se fait par ventes et achats, jamais par « échange. Il paraissait y avoir deux fois plus « de négoce que sur le haut Rhin ; hommes « et femmes trafiquent. Que l'on ne dise « plus que les Nègres livrés à eux-mêmes « ne veulent pas travailler; c'est un pré-« jugé suranné que les faits ont renversé. « En 1808, l'importation de l'huile de pal-« mier n'excédait pas 100 ou 200 tonneaux « par an; on en importe aujourd'hui 14,000. « Il y a 20 ans, les bois africains étaient in-« connus dans nos marchés, on en importe « actuellement 13 à 15 chargements par an, et « si l'on pense que ce commerce s'est déve-« loppé en dépit de la traite, qu'il n'a été en-« couragé par aucune protection légale, par « aucun motif politique, que malgré ces obs-« tacles il s'est accru d'une manière uniforme « et soutenue ; on sera convaincu qu'il n'y a « pas de peuple plus intelligent pour le négoce

« et de meilleure volonté que les Africains. »
« Je puis assurer, dit encore M. Laird, que « les négociants Européens seront bien reçus « par les habitants de l'intérieur de l'Afrique. « Ils n'y trouveront aucune disposition hos- « tile. Sur les bords du Niger, la vie et la « propriété seront aussi en sûreté que sur « les bords de la Tamise. La seule chose qui « empêche les nations de l'intérieur de tra- « fiquer avec les Européens établis sur la « côte, c'est la terreur que porte avec lui le « nom d'homme blanc, terreur fort habile- « ment propagée par les peuplades de la côte, « et qui tend à maintenir la désorganisation « du pays produite par la traite. » — C'est un homme sur les lieux qui écrit.

On conçoit que le public ne sache rien de tout cela et qu'il ne veuille point recourir à ces sources, moins ardues pourtant et plus attrayantes qu'il ne croit; mais que ceux dont le devoir est d'étudier sérieusement, de chercher le vrai, ne s'en donnent point la peine, c'est ce qui est impardonnable et c'est ce que font les ennemis des Noirs. On vient d'entendre les voyageurs; eh bien! il y a deux ans, on pouvait lire ceci dans un article de la *Re-*

vue de Paris (1) : « Il a été fait force systèmes « pour ou contre les Nègres, ayant pour but « d'établir ou de nier les facultés de leur es- « prit. Il y a un fait avec lequel tous les sys- « tèmes étaient inutiles, c'est que les Nègres « sont en Afrique depuis que les Blancs sont « en Europe, et que, durant trois mille ans « de loisir qu'ils ont eus comme nous, ils « n'ont su rien créer, ni arts, ni lettres, ni « science, ni industrie. Ils n'ont pas tracé une « route, ils n'ont pas bâti une maison ; ils « n'ont pas formé un peuple Voilà un fait ; « qu'on l'explique comme on voudra, il s'ac- « commode mal avec de la réflexion, de l'in- « telligence, de l'esprit de suite même à un « médiocre degré. » — Mon Dieu ! s'il avait pu lire cela, qu'aurait dit le brave capitaine Clapperton, lui qui parle des HÔPITAUX qu'il a vus en Afrique ? Voici ce qu'on trouve au journal de son excursion dans le pays de Haoussa (2) : « Les médecins de ce pays rem- « plissent, comme jadis ceux d'Europe, les

(1) Septembre 1836.

(2) *Voyage* du major Denham, Clapperton, etc., vol. 3, sect. III.

« fonctions de barbiers. — La cécité est très-« commune. Il y a dans l'intérieur des murs « (il est à Kano) un quartier ou village as-« signé aux malheureux affligés de cette in-« firmité ; le gouverneur leur accorde quel-« ques secours qui ne les empêchent pas de « mendier dans les rues et marchés. Leur « petite ville est de la plus grande propreté, « et il n'y a que des aveugles et des esclaves « qui puissent l'habiter. »

Si le lecteur avait moins souvent affaire à des écrivains aussi mal instruits que celui de la *Revue*, l'abbé Grégoire n'aurait sans doute pas eu à ouvrir le concours; on ne serait pas obligé aujourd'hui de défendre les Nègres contre un déplorable préjugé trop légèrement conçu ; ils ne seraient pas regardés comme des bêtes brutes, et un peuple généreux comme le nôtre serait plus indigné qu'il ne l'est de les savoir dans l'esclavage ! — Ecrire sans toute la conscience nécessaire est plus dangereux qu'on ne le croit.

Continuons nos recherches, elles se fortifient les unes par les autres.

M. Roger, ancien gouverneur de la colonie française du Sénégal, dit que, « dans

« les villages du pays de Wallo, rive gauche « du Sénégal, on rencontre plus de Nègres « sachant lire et écrire l'arabe, qui est pour « eux une langue morte et savante, que l'on « ne trouverait dans nos campagnes de pay- « sans sachant lire et écrire le français. Ces « Nègres, lorsqu'ils s'abordent, ne se deman- « dent des nouvelles de leur santé qu'après « celles de leur âme. — *Etes-vous en paix?* « est une question qu'un Noir Ghialof adresse « toujours à son ami avant notre *Comment* « *vous portez-vous?* Ils ont les équivalents de « nos *bonjour*, *bonsoir*, *bonne nuit*, et, de « plus, ils ont une formule intermédiaire que « l'on pourrait traduire par : *bon midi*, *bon* « *milieu du jour* (1). Certes, voilà des gens « passablement policés pour des êtres que l'on « ne supposait propres qu'à faire des escla- « ves! Je pense devoir comparer les Nègres, « que j'ai vus de près et longtemps, avec les « paysans de plus d'une province de France. « Blancs et Noirs, dans un état social pareil, « ont un caractère pareil; ce sont, quoi « qu'on en puisse dire, les mêmes qualités

(1) Mungo-Park nous dit la même chose.

« et les mêmes défauts, et, sous tous les rap« ports intellectuels et moraux, ce sont bien « les mêmes hommes (1). »

Dans un recueil de *fables sénégalaises*, publié en 1828, M. Roger fait connaître des fables africaines où les Nègres mettent en scène les hommes, les animaux et quelquefois les choses inanimées. Ils attachent à ces poésies un sens plutôt moral que satyrique. Ainsi que nous, ils prêtent à chaque bête un caractère particulier. Leur hyène est méchante et presque toujours dupe, comme le loup de La Fontaine; leur lièvre, rusé et trompeur comme son renard. Le petit volume des fables recueillies par M. Roger est tout-à-fait remarquable; citons-en une :

La Boule de beurre et la Motte de terre.

Une boule de beurre, une motte de terre,
N'ayant un jour ni feu ni lieu,
Roulaient en contrée étrangère.
Un voyage n'est pas un jeu;
Pour vivre, en tous pays, il faut de l'eau, du feu.
Besoin s'en fit sentir à nos boules errantes.
La terre alla puiser de l'eau;
Et la boule de beurre, à des flammes brillantes

(1) *Bulletin de la Société géographique*, 1827.

S'en fut allumer un flambeau.
Toujours la sotte imprévoyance
Produit des résultats fâcheux :
Qu'advint-il de leur imprudence ?
Elles fondirent toutes deux.

Le spirituel traducteur fait remarquer avec infiniment de raison qu'il est difficile de trouver un plus charmant trait d'esprit que celui de cette fable. « Le tour et la chute en sont « d'une originalité remarquable. Est-il beau-« coup d'Européens qui exercent avec autant « de bon sens et de délicatesse la double « prérogative humaine de penser et de par-« ler ? »

On sait l'immense réputation que Lokman avait dans l'antiquité arabe comme fabuliste et comme philosophe. Mahomet le cite dans le Coran (ch. 31). Quelques auteurs penchent même à croire que l'Esope des Grecs est le Lokman des Arabes (1). Les Grecs s'étaient assimilés tant d'idées, tant de choses, tant d'hommes du passé ! Quoiqu'il en soit, Lokman était Nègre et en outre esclave comme Esope.

(1) Savary, note de la traduction du Coran,

La saillie ne manque pas plus aux Africains que le reste. John Newton, qui habita l'Afrique plusieurs années, accuse un Noir de fourberie. « Me prenez-vous pour un Blanc, répond l'autre avec fierté (1) ? » Ils ont aussi des aphorismes déliés jusqu'au paradoxe. Voici un proverbe africain : « Mieux vaut être couché qu'assis, assis que debout, debout que marcher, et mort que vivant. » Il n'est guère possible de faire de la paresse plus spirituellement. En fait de mépris, ils savent très-bien nous rendre celui que nous leur portons : Leur diable a la peau blanche.—On parle d'une espèce de répugnance qu'éprouveraient quelques Européens en voyant un Nègre pour la première fois. Chez les habitants de l'Afrique, il ne manque pas non plus de ces personnes nerveuses qui sentent de pareilles répulsions vis-à-vis d'un Blanc. Arrivé à Kouka, capitale du Bournou, le ma-

(1) *Toughts upon the african Slave.* Dans cet ouvrage, John Newton rapporte le fait d'un capitaine négrier qui, ennuyé d'entendre crier l'enfant d'une négresse pendant qu'il se promenait sur le pont, arrache cet enfant du sein maternel et le jette à l'eau.

jor Denham met cette note en tête de son journal : « L'extrême blancheur de ma peau « me rend *encore ici* un objet de pitié, d'é- « tonnement et peut-être même de dé- « goût (1). » Quelle que soit l'épiderme, l'homme est partout le même, hélas ! ce qui ne lui ressemble pas lui inspire d'abord dédain ou horreur. — Dans le nord de l'Afrique, toutes les grandes réceptions chez les chefs se font assis, le dos tourné. On ne doit pas regarder le sultan. A Kossery, ville du Loggoun, le sultan auquel le major Denham fut présenté voulut absolument savoir pourquoi ce voyageur, étant assis, penchait le visage de son côté. « Je répondis naturellement que tourner le dos serait, dans mon pays, un affront grossier, ce qui le fit rire de tout son cœur (1). » Assurément nous ne ririons pas de moins bon cœur, si quelque marchand de Loggoun, présenté à Louis-Philippe, commençait par s'asseoir en lui tournant le dos, et assurément, en cela, nous serions tout aussi déraisonnables que le chef de Loggoun.

(1) Voyage déjà cité, ch. 2.
(2) Même voyage, ch. 5.

§ II. — *Les Nègres, en Orient, où ils sont appelés à toutes les fonctions sociales, s'y montrent parfaitement égaux en intelligence avec les Blancs.*

Une circonstance frappante et qui devrait influencer considérablement ceux qui ne peuvent se faire personnellement d'avis sur la question, c'est que tous les hommes, soit de science, soit d'imagination, que le hasard met en présence de faits positifs, sont amenés à s'étonner qu'on veuille refuser l'intelligence aux Nègres. Volney ne conçoit pas « que ce « soit au milieu des peuples qui se disent les « plus amis de la liberté que l'on ait mis en « problème si les hommes noirs ont une in- « telligence de l'espèce des Blancs (1) ! »

Nous voyons, dans un rapport du docteur Clot-Bey sur les hôpitaux du Caire, une note d'une valeur d'autant plus grande que ce médecin n'avait, selon ce qui paraît, aucune idée préconçue pour ou contre la vérité que nous cherchons à mettre en lumière.

(1) *Etat politique de l'Egypte.*

« Vous avez su, par mes comptes rendus,
« que des Négresses et des Abyssiniennes ap-
« prenaient l'art des accouchements dans une
« école près celle de médecine. Treize élè-
« ves ont déjà appris à lire et à écrire très-
« correctement l'arabe. Sans négliger l'étude
« d'un traité d'accouchement qui a été tra-
« duit en cette langue, des démonstrations
« anatomiques et sur le mannequin leur ont
« été faites par une maîtresse européenne,
« mademoiselle Gault, professeur chargée de
« ce service. Mademoiselle Gault a trouvé
« ses élèves tellement avancées dans la
« science et douées de si bonnes dispositions
« qu'elle a pensé pouvoir leur apprendre le
« français sans préjudicier à leur spécialité.
« Ses élèves ont déjà fait des progrès remar-
« quables ; leur aptitude étonne surtout
« lorsqu'on oppose ce qui se passe sous nos
« yeux aux déblatérations des pessimistes
« qui veulent refuser toute intelligence à la
« race noire. Il est vrai que les élèves dont
« nous parlons sont pour la plupart Abyssi-
« niennes, et que celles-ci forment une
« classe séparée, quoique marquées de si-
« gnes extérieurs presque identiques, tels

« que les cheveux laineux, le teint presque « noir, etc. : mais il n'est pas moins incon« testable que, parmi les Négresses qui se « trouvent dans l'école, il en est d'une apti« tude qui ne le cède en rien à celle des au« tres races qui paraissent vouloir les exclure « de la grande famille des êtres intelligents. »

M. Beaufort, capitaine d'état-major, qui vient de passer plusieurs années en Egypte, au service du pacha, et qui a vu les Nègres de près, leur a gardé de la sympathie. Nous allons transcrire textuellement la note qu'il a bien voulu faire en réponse à nos questions ; nous n'y changeons pas un mot.

« Dans le principe, plusieurs bataillons de « l'armée ont été composés de Nègres ache« tés ; la guerre et les maladies en ont em« porté le plus grand nombre ; quelques« uns sont devenus sous-officiers et officiers, « et sont tout aussi considérés que les Blancs. « Généralement mous et paresseux, les Nè« gres sont néanmoins bons soldats ; à plu« sieurs époques, on en a vu, dans l'Orient, « s'élever à un rang distingué et montrer « une bravoure et des talents remarqua« bles.

« Si les Nègres se trouvent dans des con-
« ditions physiologiques moins favorables
« que certaines races blanches, il en est de
« même de certaines de ces dernières vis-à-
« vis des autres. L'éducation et des soins pro-
« longés sur plusieurs générations devraient
« nécessairement modifier une telle race.

« Il y a en Orient beaucoup de Nègres li-
« bres et surtout affranchis ; ils se marient et
« vivent comme les Blancs. En résumé, là-bas
« où l'on rencontre toutes les nuances de peau,
« on fait fort peu d'attention à la couleur et
« l'on n'y attache aucune importance. »

Voilà pourtant des choses qu'il faudrait écouter. Ce sont des gens éclairés, dignes de foi et désintéressés dans la question, que nous venons d'entendre ; ils concluent tous à l'intelligence des Nègres, à leur égalité possible avec nous.

M. Drovetti, consul-général de France en Egypte, est encore un homme qui, placé, durant de longues années aux portes de l'Afrique, et mis en contact avec les Nègres, se prononce pour eux (1). Il a reconnu, dans la

(1) Bulletins de la Société géographique déjà cités.

plupart des Africains qu'il a vus arriver des déserts, une sagacité naturelle, dont les ateliers du pacha, pleins de ces Noirs, fournissent d'ailleurs des preuves convaincantes. M. Drovetti ne conteste pas un certain état d'inertie dans lequel vivent les peuples d'Afrique ; mais il est porté à s'en prendre aux localités. Mungo-Park a la même opinion. Il faut considérer, dit le voyageur anglais, à propos de l'indolence qu'on reproche aux Nègres, « il faut considérer que « la nature, leur fournissant d'elle-même les « moyens de satisfaire leurs besoins, devient « contraire à un grand développement d'ac« tivité. Comme ils ont peu d'occasions de « disposer du superflu de leur travail, on con« çoit sans peine qu'ils ne cultivent que la « quantité de terre propre à leur subsistance.» — Nous ne voyons pas grand'chose à répondre à cela.

Ainsi, en lisant Mungo-Park, Horneman, Clapperton, Denham, Mollien, Caillé, les frères Lander, Laird, Newton, Bruce, et nous aurions pu citer encore Astley, Stedman, Cowper-Rose, Barbot, avec d'autres, s'il ne fallait s'arrêter ; on voit que les Nègres ont chez eux des villes, du commerce, de l'agriculture, des coutumes, des écoles, des hôpitaux; qu'ils travaillent le coton, le cuir, le bois, les métaux, la terre; qu'ils ont des lois et font des fables. Est-il nécessaire de pousser le négrophilisme à l'extrême pour conclure de là que les Noirs sont bien des hommes, faits comme nous pour la liberté. Qu'ils soient aussi policés que les Européens, personne n'est tenté de le soutenir; mais qu'ils ne soient pas en Afrique fort loin de la barbarie, cela n'est plus soutenable. Colons et défenseurs de l'esclavage! vous avez nié l'industrie de peuples que vous ne connaissiez pas! c'est au moins de la légèreté!... Cette industrie est peu avancée, nous en convenons; mais, assurément, ce n'est pas parce que ces peuples ont la peau brune. « Expliquez-nous alors, ainsi que le dit fort justement l'abbé Grégoire, pourquoi les hommes blancs ou cendrés d'autres contrées sont restés sauvages et même antropophages. Vous ne contestez cependant pas leur égalité avec nous. Il est vrai que vous ne manqueriez pas de le faire si l'on voulait établir la traite chez eux! »

Non, ce qu'il y a à dire, ce qui est vrai,

c'est qu'il en est des Africains comme des Européens ; les peuples divers y sont plus ou moins doués de la nature, plus ou moins favorisés par le sol, le climat, les circonstances. Nous ne disons pas que tous les Nègres sont des hommes de génie, comme Christophe ou Toussaint-Louverture ; que toutes les Négresses sont des improvisatrices, poètes et musiciennes, comme celles qui veillèrent Mungo-Park ; mais nous disons qu'il est faux et extravagant d'en faire des idiots, et que c'est avoir soi-même très-peu de cerveau que de bâtir sur leur angle facial, plus ou moins aigu, de petites théories physiologiques qui tendent à leur refuser à-peu-près toute intelligence. — Nous ne sommes pas non plus disposés à le cacher, notre tableau est vrai ; mais nous l'avons choisi. Il y a de plus sombres perspectives en Afrique ; les récits des voyageurs sentent bien aussi souvent le barbare : ils ont partout rencontré l'esclavage comme chez les Grecs et les Romains, comme chez les Français et les Anglais ; presque partout le despotisme pour gouvernement, comme chez les Russes ; maintes fois ils ont trouvé des Nègres aussi superstitieux que des matelots européens, aussi peu hospitaliers que des bourgeois de Paris. En voudra-t-on déduire leur stupidité originelle ? Si l'on envoyait esclaves à *Kerwani*, à *Kamalia*, à *Sego* ou à *Jenné*, les habitants de certains villages de France, les Nègres pourraient, avec autant de raison, faire de nous une nation d'êtres obtus. En vérité, d'ailleurs, cet argument de l'infériorité intellectuelle de la race noire comparativement à la race blanche paraît une étrange façon d'excuser sa mise en servitude. Cette infériorité fût-elle démontrée, je ne vois pas bien quelle puissance on en pourrait tirer, en bonne logique, pour justifier un crime de lèze-humanité. Que répondraient donc MM. Mauguin, La Charière, Cools et F. Patron, si Pierre Leroux, Raspail, Broussais et Victor Hugo les voulaient condamner éternellement à les servir, sous prétexte que ces messieurs ne sont pas des hommes de génie ?

En admettant même que les Africains soient aussi arriérés qu'on le dit, serait-il bien rationnel d'arguer de trois mille ans d'impuissance pour leur contester toute aptitude à la civilisation ? Ont-ils jamais communiqué avec elle? Un peuple se fait-il tout seul? Est-ce bien à elle-même que l'Europe doit ses connaissances, et non à la fréquentation de nations déjà policées? L'Espagne, la France, l'Allemagne, l'Angleterre, seraient peut-être encore cachées dans leurs sombres forêts et leurs marécages, si Rome, civilisée, elle, par les Etrusques et par la Grèce, n'était venue y porter l'illustration avec la guerre. L'histoire enseigne-t-elle que jamais aucun flambeau ait été jeté dans l'intérieur de l'Afrique (1)? Les Romains mêmes n'y eurent d'établissements que sur les côtes.

(1) Il ne nous échappe pas que ce que nous disons paraît impliquer contradiction avec ce que nous avons dit plus haut; la réponse est facile : le foyer de civilisation qui aurait existé chez les hommes noirs aurait eu son siége en Ethiopie; c'est-à-dire dans cette partie du continent africain parallèle à la mer Rouge, et qui porte aujourd'hui le nom d'Abyssinie; l'Afrique centrale, l'Afrique proprement dite, serait restée étrangère au mouvement intellectuel, ou bien ne se serait peuplée que postérieurement et après extinction de toute illustration primitive. Que les Abyssiniens d'aujourd'hui soient généralement des hommes noirs à cheveux plats, tandis que les Ethiopiens étaient positivement des hommes noirs à cheveux crépus, cela ne nous embar-

Satisfaits d'avoir soumis les bords de la mer Rouge et de la Méditerranée, ils regardèrent la conquête du reste de l'Afrique et de ses déserts brûlants comme une entreprise dont la gloire n'aurait pas compensé les périls.

J'ai trouvé dans le *Traité de législation* de M. Charles Comte une note qui m'est toujours restée en mémoire à cause de son caractère de vive justesse : « Si les Nègres « eussent changé de sol avec nous, peut-être « feraient-ils aujourd'hui sur nous les mêmes « raisonnements que nous faisons sur eux. » Déjà, du temps des Grecs, les observateurs

rasse pas. Les hommes à cheveux plats étaient une variété des premiers cushites à cheveux crépus : pasteurs d'abord, ils ne se sont constitués que plus tard habitants des villes ; on ne remarque, d'ailleurs, aucune différence essentielle, sous le rapport moral, entre les deux races. — Au surplus, nous n'avions pas assez travaillé cette grave matière historique pour qu'il nous fût permis d'attacher (quelle que soit notre opinion à cet égard) une importance fondamentale à la thèse de la culture presque anté-diluvienne des Nègres ; ce n'était, comme on a pu le voir, qu'une indication jetée sans appui scientifique ni démonstration rigoureuse, parce qu'elle est dans la cause sans valeur nécessaire.

avaient remarqué que les dispositions locales, les conditions géographiques et climatériques d'un pays, engendrent chez ses habitants des coutumes et des idées qui finissent par constituer un caractère national.

Les Nègres, malgré tant de circonstances fâcheuses, malgré un climat dont la fécondité invite au repos perpétuel, seuls, livrés à eux-mêmes, privés de secours étrangers, se sont élevés, on l'a vu, à un certain degré d'organisation; ils ont, à n'en plus douter, dépassé l'état sauvage et l'état barbare. Comment ne pas croire maintenant que, s'ils étaient appelés à un commerce honorable avec l'Europe, ils ne fussent bientôt capables de marcher de pair avec elle? Ce serait une belle tâche et de nature à inspirer une noble ambition que de leur porter pacifiquement la lumière, de les gagner à la civilisation, d'établir entre eux et nous des relations qui leur fissent prendre un rôle dans le poème sublime de l'humanité. Il se trouvera, celui qui tentera cette grande fortune. Que faut-il après tout? — Du cœur et du dévouement.

Regardez autour de vous, évoquez le génie de l'avenir, n'est-il pas impossible que le magnifique mouvement social dont notre siècle est témoin ne franchisse point, tôt ou tard, les déserts de feu qui semblent vouloir isoler le continent africain. Au milieu de la fusion qui tend à s'opérer, les nations nègres ne sauraient demeurer longtemps encore séparées du reste du globe ni de l'activité générale. Et qui peut dire les résultats futurs du contact fraternel de la race noire avec la race blanche ! Tous les hommes sont solidaires, tous les peuples du monde doivent s'assembler un jour en une immense communion, et, n'en doutons point, les Nègres viendront comme les autres s'asseoir au banquet de la grande famille humaine !

CHAPITRE II.

LA RACE NOIRE EN CONTACT AVEC LA CIVILISATION.

§ I. — *Nègres illustres.*

Nous avons montré les Nègres en Afrique; examinons maintenant ce qu'une fois transportés en Europe, échauffés à notre foyer, ils peuvent faire et produire. Le cerveau humain s'aiguise par le travail, et pour qu'on puisse affirmer en toute connaissance de cause que la race noire n'est pas douée par la nature de toutes les facultés propres à l'espèce humaine, il faudra que, mise longtemps en contact avec notre civilisation, elle ne fournisse aucun homme supérieur; jusque-là il n'est possible de la juger que sur échantillons en quelque sorte. Et les échantillons sont assez beaux pour laisser bien augurer de l'avenir.

On dirait que M. Grégoire avait senti tout le premier qu'un des meilleurs moyens d'attaquer le préjugé qui met un peuple au rang des animaux, c'est d'écrire l'histoire de ceux de ce peuple qui ont mérité une place dans le souvenir des hommes. Sans crainte de commettre une bien grosse injustice, les juges pourraient *à priori* donner la palme du concours à son ouvrage : *De la littérature des Nègres*. Nous y puiserons de nombreux arguments ; nous ne saurions mieux faire.

Plusieurs Noirs ont été inscrits au livre des canonisés de l'Eglise. Sainte Iphigénie, Ethiopienne ; saint Esteban, roi des Ethiopiens acumites ; saint Antoine de Caltagirone et san Antonio de Noto. Les colons catholiques ne se doutent pas que, dans leurs oraisons collectives, ils s'adressent en même temps à quelques-uns de ces Noirs pour lesquels ils témoignent tant de dégoût.

L'histoire du Congo, par Prévost, nomme un évêque nègre qui avait fait ses études à Rome.

Parkinson, dans le récit de son voyage (1), fait mention de plusieurs prédicateurs nègres, dont un était particulièrement renommé pour son éloquence.

La biographie du noir Angelo Soliman le représente comme un homme de cœur et d'esprit. A la guerre il se battit si bien qu'on lui offrit une compagnie. Angelo était attaché comme secrétaire au prince Wenceslas Lichtenstein. S'étant marié, malgré la volonté de Wenceslas, le prince se fâcha et Angelo dût quitter le palais ; il se retira dans une petite petite maison, où il vivait avec sa femme, Belge d'origine. Il élevait lui-même soigneusement sa fille unique, qui épousa un gentilhomme, lorsqu'après la mort du prince Wenceslas, l'héritier du nom rechercha Angelo pour le prier de surveiller l'éducation de son fils. Angelo revint donc au palais de Lichtenstein, où il mourut honoré. Il cultivait les belles-lettres et fréquentait les hommes les plus instruits,

Amo, née en Guinée, vendu et amené en Hollande vers 1707, étudie, devient savant.

(1) *Un Tour en Amérique*, Londres, 1805.

parle latin, grec, hébreu, français, hollandais et allemand ; il fait des cours publics. Dans un programme, le doyen de la Faculté de philosophie de Wittemberg dit de lui : « Ayant discuté le système des anciens et des modernes, il a choisi et enseigné ce qu'ils ont de meilleur. » Il fut docteur de cette université et publia sa thèse, qui est une dissertation « sur les sensations considérées comme absentes de l'âme et présentes au corps » in-4°, 1734. Il paraît qu'il existe de lui d'autres ouvrages de cette nature, dont la vacuité même atteste la souplesse d'esprit qu'il faut avoir pour les traiter. La cour de Berlin le nomma conseiller d'état.

Ignace Sancho, né en 1729, à bord d'un négrier qui emmenait d'Afrique sa mère enceinte, fut assez heureux pour être conduit en Angleterre dès l'âge de deux ans. Au milieu des Blancs, il vécut comme un blanc. A sa mort on publia un recueil de ses lettres, qui eurent deux éditions. Il était lié avec les littérateurs du temps, et l'on trouve dans le troisième volume de cette correspondance une lettre de Sterne, où celui-ci le traite d'ami et lui dit que *les variétés de la nature ne rompent pas les liens de la consanguinité.* Sterne, ensuite (car il n'est pas un homme éminent qui ait envisagé la question de l'esclavage des Noirs sans le condamner), Sterne, disons-nous, exprime ensuite son indignation *de ce que certains hommes veulent abaisser une portion de leurs semblables au rang des brutes, afin de pouvoir impunément les traiter comme telles.*

L'éducation seule fait l'homme ; or, il est peu d'exemples, que nous sachions, de tentatives d'éducation auprès des Nègres qui n'ait été couronnée de succès. Dès qu'on l'excite, leur aptitude pour les travaux de l'intelligence se révèle, même sous l'infernale machine pneumatique de la servitude. Clenard, habitant de Lisbonne, écrit dans ses Variétés littéraires publiées à Paris en 1786 : « J'enseigne la lit- « térature à mes Nègres; je les affranchirai « un jour, et j'aurai mon Diphilus comme « Crassus et mon Tyron comme Cicéron. Ils « écrivent déjà fort bien et commencent à « entendre le latin. Le plus habile me fait la « lecture à table. »

Jacques Derham, d'abord esclave à Philadelphie, devient, en 1788, un des bons médecins de la Nouvelle-Orléans. Bennaker, esclave de Maryland, qui s'établit à Philadelphie après son affranchissement, y fit paraître vers la fin du siècle passé plusieurs ouvrages d'astronomie. Othello, à Baltimore, et Cugoano Ottobah, à Londres, où ce dernier était marié avec une Anglaise, publient, tous deux précisément dans la même année 1788, des livres contre la traite et l'esclavage. Celui de Cugoano a été traduit en français

C'est Thomas Fuller, noir d'Afrique, à qui l'on demande combien de secondes avait vécu un homme mort à l'âge de 70 ans 3 mois 7 jours, et qui répond en moins de quelques minutes. L'un des interrogateurs prend la plume, vérifie, et prétend que Fuller s'est trompé. « Non, répond le Nègre, l'erreur est de votre côté ; vous oubliez les années bissextiles ; » et son calcul se trouve juste. « Les « Nègres entendent merveilleusement l'a« rithmétique ; quand il s'agit de compter ce « qu'ils ont à recevoir, je défierais qui que « ce fût d'*attraper* le plus stupide d'entre eux « en lui retenant la plus mince fraction de « ce qui lui est dû (1). »

(1) *Lettre* de M. Daughtrey, juge spécial de la pa-

Capitan, né en Afrique, élevé en Hollande, publie des élégies latines très-poétiques, et arrive à tant de science et de subtilité, qu'il prouve dans une dissertation d'une érudition considérable que l'esclavage des Noirs est la chose la plus juste du monde, ce qui ne l'empêche pas, missionnaire calviniste, de prononcer en hollandais des sermons imprimés à Amsterdam vers 1742. Quand je vous dis que les Noirs sont capables de tout!

Francis Willams, Nègre créole de la Jamaïque, est envoyé en Angleterre à l'université de Cambridge, y profite comme les autres, et adresse plus tard de bons vers latins à tous les gouverneurs qui se succèdent à la Jamaïque, où il était retourné s'établir. Puisque nous avons avancé que les Nègres nous ressemblaient, on ne peut pas espérer de les trouver tous bons et honorables.

Il n'en manquera pas cependant pour nous donner de grands exemples de vertu et de charité, Dikson (1) rappelle Joseph Rachel,

roisse Sainte-Elisabeth, au gouverneur de la Jamaïque, 1835.

(1) *Lettres sur l'esclavage*, 1789.

Nègre des Barbades, qui, s'étant affranchi par le négoce, acquit une grande fortune et la consacra à faire du bien. Il distribuait de l'argent aux pauvres, prêtait à ceux qui pouvaient rendre, et visitait les prisonniers auxquels il donnait des conseils et des aumônes.

M. Moreau de Saint-Méry (1) rend hommage à Jasmin Thommazeau, né en Afrique, vendu à Saint-Domingue, puis affranchi, lequel ayant gagné de l'argent, fonda au Cap, en 1756, avec sa femme, un hospice pour les Nègres et les hommes de couleur pauvres, et pendant quarante ans se voua à leur service.

Les investigations de l'abbé Grégoire offrent un résultat assez singulier, c'est que, dans les exemples qu'il a recueillis, on trouve à-peu-près des types de tous les caractères possibles de notre civilisation. Voilà maintenant Olandad Equiano, plus connu sous le nom de Gustave Vasa, qui, lui, est un véritable aventurier, un Gilblas courant le monde pendant de longues années, et finissant, com-

(1) *Description de la partie française de Saint-Domingue.*

me le héros d'Oviédo, par écrire ses mémoires. Enlevé d'Afrique, conduit aux Barbades, il gagne, perd et regagne sa liberté, fait toutes sortes de métiers, mène avec énergie une vie qu'il dispute à la fatalité, parcourt l'Espagne, le Portugal, l'Italie, la Turquie, le Groënland, et après trente ans d'orage vient se fixer et se marier à Londres, où il compose des mémoires authentiquement de lui, dont la neuvième édition parut en 1794. Il y flétrit l'esclavage et propose entre autres choses des vues sur la direction d'un commerce européen avec l'Afrique.

Les Noirs devaient avoir aussi leur Epictète aux réponses laconiques et profondes. — Un maître secoue son esclave endormi. « N'entends-tu pas ton maître qui appelle? » Le Nègre ouvre les yeux, qu'il referme aussitôt, et ses grosses lèvres murmurent : « Sommeil n'a point de maître. » On laissa cette fois dormir le pauvre philosophe.

Nous avons vu, il y a quelques mois, au théâtre de madame Vestris, à Londres, un acteur nègre qui est bon comique; il jouait à côté du fameux Liston, et paraissait fort goûté du public. Mais où excellent les Africains, c'est dans la poésie : ils sont presque tous poëtes : leurs œuvres, en ce genre, indiquent généralement une imagination mélancolique et très-élevée. Nous en citerons deux exemples ; le premier, dû au livre de l'abbé Grégoire ; le second, contemporain.

Phillis, Négresse, volée en Afrique à l'âge de sept ans, tomba par bonheur, en 1761, aux mains d'un négociant de Boston, riche et honorable, M. Wheatley, dont elle garda le nom. Elle apprit le latin, lut la Bible et fit des vers. Affranchie, elle épousa un Nègre qui étudiait de son côté, et de marchand épicier devint avocat sous le nom du docteur Peter. Il plaidait devant les tribunaux les causes de ses frères. La réputation qu'il acquit le mena à la fortune. Malheureusement ces deux personnes distinguées manquaient d'esprit de conduite. La douce et charmante poëte eut le tort de négliger son ménage pour écrire. L'avocat Peter eut le tort plus grand de vouloir la contraindre, et elle mourut de chagrin. Son mari ne lui survécut que trois ans. Phillis était d'une sensibilité délicate ; parmi les pièces de son premier recueil, il y en a douze sur la mort de personnes qui lui étaient chères. Nous prenons celle qu'elle fit après avoir perdu son enfant, la pauvre femme !

« Le Plaisir couronné de fleurs ne vient plus embellir nos moments. L'Espérance n'ouvre plus l'avenir pour nous caresser par des illusions enchanteresses. Nous ne verrons plus ce visage enfantin sur lequel les Grâces avaient répandu leurs faveurs. De nos yeux s'échappent des larmes, les gémissements sont l'écho des gémissements, les sanglots répondent aux sanglots. »

« Inexorable mort, quoi, sans être émue, tu as fermé ses yeux ravissants! Sa beauté naïve, sa tendre innocence n'ont pu suspendre tes coups! Un crêpe funèbre couvre celui qui naguère nous charmait par son sourire gracieux, par la gentillesse de ses mouvements. »

Après cette touchante entrée, elle console le père qui pleure.

« Sur l'aide de la Foi, élève ton âme à la voûte du Firmament, où, mêlant sa voix à la voix des purs esprits, ton fils fait retentir les Cieux de concerts inspirés par le bonheur; cesse d'accuser le régulateur des mondes;

interdis à ton cœur des murmures désormais coupables; converse avec la Mort comme avec une amie, puisqu'elle conduit au séjour des félicités. Résigne-toi à l'ordre de Dieu. Il reprend son trésor, que tu croyais ta propriété, mais dont tu n'étais que le dépositaire! »

Quant à moi je trouve cela très-beau.

Les pièces suivantes, d'un esclave de la Havane, nommé Juan Francisco Manzano, se trouvent dans l'*Aquinaldo havanero*, sorte de Keepsake, publié en 1837, à la Havane.

SONNET.

Quand je considère l'espace que j'ai parcouru
Depuis le commencement jusqu'à ce jour,
Je tremble et je salue ma fortune
Plus ému de terreur que de respect.

Je suis étonné de la lutte que j'ai pu soutenir
Contre un sort tant impie ;
Si je puis ainsi appeler les combats
De ma malheureuse existence à partir de ma fatale nais-
[sance.

Il y a trente ans que je connus la terre,
Il y a trente années qu'en un état plein de larmes
Triste infortune m'assiége de tous côtés.

Mais qu'est-ce que la cruelle guerre
Que j'ai supportée en pleurant en vain,
Quand je la compare, ô Dieu! à celle qui m'attend.

A la ville de Matanzas, après une longue absence.

Autrefois, heureux champ,
De ton état inculte je fus témoin,
Le voyageur qui parcourait ton sol montueux
Y voyait s'agiter la vigne et le manglier.

En vain depuis le vieux pont je cherche
Tes mangles, tes raisins et le toit de chaume
De la cabane abattue, où le montagnard
Pauvre et oisif cacha son indigence,

Tout a disparu. Ta ville augmente
Et forêts, broussailles, ombres champêtres
S'enfuient loin des lieux habités.

Un tel changement excite la joie.
Eh bien! celui qui te laissa si sauvage,
Aujourd'hui te revoit avec un plaisir filial... et s'attriste!

AU MONT QUINTANA.

Salut superbe mont Quintana,
Œuvre puissante de la nature,

Que toute la constance humaine
Ne peut facilement gravir !

Pendant que mon âme embrasée
Par une mortelle douleur, pense au ciel.
De mon humble retraite silencieuse
Je te salue ! ô montagne majestueuse !

Combien dans un temps plus heureux,
Assis sur tes flancs avec ma chère Lesbie,
Par degré s'augmentait
Le contentement de nos cœurs.

Quand le soleil tombant, le jour cessait,
Ses mains avec les miennes s'entrelaçaient :
Ses regards avec les miens se rencontraient :
Un tendre adieu après nous séparait.

Que cette montagne me paraissait heureuse !
Que sa verdure était gracieuse !
Que sa fraîcheur était aimable !
Que son horizon était lumineux !

Qui a détruit tant de félicité ?
Quel nuage sombre est venu
Tout attrister ?
Ma belle ne paraît plus !

Les champs n'espèrent plus la voir,
Et le mont cesse de me plaire,

Car elle seule était pour moi
Verdure, grâce, fraicheur, horizon !

O vaines ombres du plaisir,
En vain vous brillez, si dans ses fers
Mon mal m'étouffe le cœur.
Mes peines amoureuses
Mes chaines d'esclave
Me condamnent à la douleur, aux pleurs éternels :
Je soupire, je crie... mais ne me console pas !
Volent donc mes plaintes de la forêt à la montagne :
Chantons, Muse, un lamentable chant.

C'est dans l'esclavage que Juan Francisco a écrit ces vers, que nous avons tâché de traduire mot à mot, mais dont il nous est impossible de rendre la charmante douceur espagnole. Quelques personnes éclairées lui ont procuré les moyens de se racheter; il réside maintenant à la Havane. Les écrivains de l'*Aquinaldo* daignent associer ses élégantes poésies à la leur ; mais il ne lui sera pas plus permis qu'à tout autre Noir de se présenter en voiture à la promenade publique ; s'il veut aller au théâtre, où peut-être on jouerait une pièce de lui, il ne pourra, même pour son argent, s'asseoir au *Patio ;* il lui faudra prendre une place loin des Blancs, pour que ce ril *Nègre* ne les souille pas ; jusques à l'église, dans le temple du Dieu humble, il sera obligé, comme tous ses frères Noirs ou Mulâtres, esclaves ou libres, de rester sur les bas côtés, et ne pourra venir sous la nef ni près du chœur. On a peine à croire cela, et pourtant cela est vrai, et encore la Havane est le lieu du monde où les esclaves sont traités avec le plus d'humanité (1) ! Il n'est aucun moyen d'avilir une race qui n'ait été inventé et appliqué dans les colonies contre les Nègres. A Batavia, il ne leur était pas permis de porter des chaussures, autre part de marcher sur les trottoirs. Une loi de la Caroline prononce une amende de 100 liv. sterl. contre celui qui leur apprendrait à lire. Peu s'en faut qu'on ne leur défende, comme les Lacédémoniens à leurs ilotes, de répéter les belles

(1) M. Mollien, dans le mémoire cité plus haut, avance qu'à la Havane on ne reconnaît qu'une distinction, celle de *libre* ou d'*esclave*, et que les noirs libres sont partout considérés comme les blancs. A moins que la législation et les mœurs havanaises aient changé depuis l'année 1828, nous attestons formellement le contraire, nous qui avons vu de nos yeux ce qu'on vient de lire.

strophes des grands poètes, en les forçant, au contraire, à chanter des vers licencieux. Courrier a raison : « Si les esclaves avaient « assisté à la création du monde, ils auraient « certainement dit : « O mon Dieu ! conser- « vez le chaos ! »

Quant au courage guerrier, cette qualité que l'on prise tant chez nous, la révolution de Saint-Domingue ne sera pas seule à nous dire celui des Nègres.

Le Noir Henry Diaz se montra, vers 1637, habile général dans les guerres qu'eurent les Portugais contre les Hollandais. L'ancien évêque de Blois cite les historiens du Portugal qui parlent de lui : Freyre, Brandano, etc.

Le Nègre Annibal devint, sous le czar Pierre Ier, lieutenant-général et directeur du génie militaire.

Cousin d'Aval (1), qui n'a pas d'ailleurs une excessive bienveillance pour les Nègres, donne la biographie suivante d'un adjudant-général ennemi de Toussaint.

« Etienne Mentor, de la classe des Noirs « libres et propriétaire à Saint-Pierre de la

(1) *Histoire de Toussaint-Louverture.*

« Martinique, où il était né en 1771, avait « reçu de la nature tous les dons qui peuvent « disposer à la constance et au courage, dans « les grandes vicissitudes de la vie ; et de l'é- « ducation, tous les principes qui peuvent en « embellir les instants paisibles. Quand la li- « berté des Noirs fut proclamée, il devint l'a- « mi de la France. Elevé au grade de capi- « taine des chasseurs de la Guadeloupe, il « combattit vaillamment contre les Anglais, « auxquels il ne céda la batterie dont il avait « été chargé que lorsqu'il vit tous les siens « tués ou renversés à côté de lui. Fait pri- « sonnier et déporté en Angleterre, il conçut « et exécuta le hardi, le téméraire projet, à « la vue des côtes d'Ouessant, de s'emparer « du bâtiment qui le conduisait en Angle- « terre et de l'amener à Brest. Incorporé « dès son arrivée dans un bataillon, il fit une « campagne en Vendée sous le général Wes- « termann ; appelé ensuite à Paris pour don- « ner des renseignements sur la prise de la « Guadeloupe, il fut nommé, en l'an III, ad- « joint aux adjudants-généraux pour Saint- « Domingue. Par ses talents militaires et la « considération qu'il acquit auprès des Noirs,

« il fut admis dans la confiance intime de « Toussaint et nommé adjudant-général de « l'armée de Saint-Domingue. C'est dans les « relations qu'il eut alors avec Toussaint qu'il « pénétra le secret de son ambition. Son cou- « rage à le dévoiler lui valut des fers; mais « le peuple de Saint-Domingue le délivra et le « nomma député au conseil des Cinq-Cents. « Là, seul ou presque seul contre les nom- « breux partisans de Toussaint, il eut le « courage de dénoncer ses projets d'indépen- « dance. Il en écrivit au Directoire exécutif, « et plusieurs journaux devinrent les dépo- « sitaires de ses vives alarmes.

« Au 18 brumaire, cet officier noir fut « exclu du Corps législatif.

« Parmi les traits qui le caractérisent, nous « ne citerons que celui dont les journaux « ont rendu compte au mois de nivose an IX. « Il était à Brest, sur la frégate la *Créole*, « lorsqu'un matelot tombe à la mer et est « entraîné par la vague. Mentor se jette à « l'eau malgré le péril et arrache le marin à « une perte certaine. »

C'est encore dans le livre de M. Cousin d'Aval que nous apprenons à connaître Cé-

sar Télémaque de la Martinique, « César Té-
« lémaque, âgé de près de 60 ans, est marié à
« une Française, qu'il épousa à Paris il y a
« 36 ans (Le livre de M. Cousin d'Aval fut
publié en 1802). Il a demeuré près de 49 ans
« dans cette capitale. Son humanité et sa
« douceur le firent nommer, en l'an III, com-
« missaire de bienfaisance de sa section. Le
« dévouement avec lequel il remplit les fonc-
« tions de cette place le rendit cher à tous
« les citoyens. Quand les secours publics lui
« manquaient, il y suppléait de sa bourse. En
« l'an IV, il partit pour Saint-Domingue avec
« Sonthanax : à son arrivée, on le fit trésorier
« au port de Paix. Dans ce ministère, il mé-
« rita l'estime de tous les gens de bien. Son
« nom seul inspirait la considération. »

Pour revenir à la bravoure des Nègres, pas un colon, je pense, ne met en doute l'intrépidité et l'adresse de ces marrons qui se défendent contre eux le jour et viennent la nuit, par droit de représailles, ravager les habitations. Ils sont si redoutables, qu'à Surinam, où l'espace ne leur manquait point, les Hollandais ont été obligés de capituler avec eux et de les reconnaître pour libres. On trouve l'histoire de cette longue et terrible lutte dans *l'Art de vérifier les Dates,* article *Guyane*, par M. Warden. De 1712 à 1772, les Hollandais firent contre les marrons tant d'expéditions, que Nassy, un de leurs capitaines, mourut après en avoir dirigé *trente* pour son compte : tout fut sans succès. Les Nègres, « *qui sont « incapables de se conduire par eux-mêmes; pour qui la liberté est un bien inutile* (1); les esclaves, dont il y a peu de mois encore on osait dire : « *Que la condition matérielle est meilleure que celle du plus grand nombre des travailleurs européens* (2), » aimaient

(1) *Des Noirs et de leur situation dans les colonies*, par F. P. M. Félix Patron, aujourd'hui membre du conseil colonial de la Martinique.

(2) *De l'Emancipation des esclaves*, par M. de Cools, délégué des blancs de la Martinique.

MM. F. Patron et Cools n'écrivent ici que ce que pensent, disent et écrivent tous les colons. En 1833, on vit paraître à Bourbon un journal appelé le *Salazien*; cette feuille, rédigée par des colons, hommes d'énergie que les délégués des blancs de Bourbon connaissent parfaitement, était imprimée par une presse clandestine. — Les écrivains revendiquaient la liberté de la presse qu'une ordonnance locale avait enlevée à la colonie. Eh bien! ces hommes qui reprenaient de vive

mieux abandonner leurs établissements et leurs moissons plutôt que de se soumettre. Pour se protéger contre leurs entreprises, on fut obligé d'enfermer la colonie dans une ligne de fortifications qui s'étendait sur une longueur de vingt-deux lieues à travers bois, marais, collines et bas-fonds. En 1795, dans une nouvelle expédition où ils furent vaincus, on détruisit plusieurs des établissements formés par eux dans les bois, et comme il en restait un à trouver, on essaya d'en obtenir le secret par des tortures infligées aux prisonniers. Tous supportèrent les tourments et

force, avec un emportement que nous sommes loin de critiquer, l'exercice d'un droit qu'ils n'estimaient point qu'aucune circonstance pût leur ravir, ces radicaux disaient que *les esclaves* (des esclaves !) *étaient dans une condition moins malheureuse que celle de beaucoup d'Européens qui sont libres ou croient l'être.* Ils ne trouvaient pas en eux assez de blâme contre *cette sorte de monomanie négrophilique que ses sectaires parent du nom de philantropie !* Voyez si l'esclavage ne doit pas dégrader l'esclave, quand il corrompt chez les maîtres jusqu'aux esprits les plus généreux ! Certainement, si vos Nègres étaient bien nourris, bien traités, nullement écrasés de travail, piochant la terre un certain nombre d'heures, selon leur la mort ssns trahir leurs compagnons. Le chef, nommé Amsterdam, eut à souffrir l'un des plus effroyables supplices qu'on puisse imaginer ; il fut d'abord contraint de voir treize de ses camarades brisés sur la roue, et ensuite de marcher sur leurs cadavres au lieu de son exécution : attaché sur le bûcher à un poteau de fer, il eut les membres tenaillés avec des pinces ardentes, et laissa enfin sa vie dans les flammes. La constance de l'héroïque

force, libres en tout d'ailleurs, n'ayant rien à penser et n'ayant à fournir qu'une somme de travail nécessaire pour l'existence qu'on leur assure certainement ils seraient, comme vous le dites, bien plus heureux que ne le sont les ouvriers de notre société telle qu'elle est encore régie ; mais cela n'est pas, et, fussiez-vous des *anges*, cela ne peut pas être. Au mot esclavage l'écho répond violence et abrutissement. Dans tous les cas, cette idée du prétendu bonheur des esclaves n'est pas nouvelle ; les esclaves anciens se plaignaient tout autant que ceux d'aujourd'hui, et ainsi que vous, les propriétaires d'alors répondaient : « Combien n'est-il pas préférable de vivre serviteur d'un bon maître que de vivre libre au sein de l'indigence et de l'obscurité ! [1] » Ce n'est pas d'aujourd'hui que l'on appelle d'un mal à un mal plus grand. — Triste répétition.

[1] Ménandre, vers tirés de Stobée.

martyr avait été invincible; pas un mot n'était sorti de sa bouche qui pût compromettre ses amis.

Oh! il ne faut pas croire que les colons, qui se font toujours un bouclier si terrible des massacres de Saint-Domingue, aient toujours usé de douceurs bien paternelles envers leurs esclaves! — Et puisque nous parlons de Saint-Domingue, disons quelque chose de Toussaint-Louverture. Tient-il aussi *le rang intermédiaire entre nous et les singes*, celui-là? A-t-il aussi l'angle facial trop aigu, ce Nègre de 50 ans, qui devient tout-à-coup grand général, grand administrateur, grand politique, dont le génie croît en force à mesure que les événements croissent en importance? Cet homme, «l'un des plus extraordinaires d'une époque où tant d'hommes extraordinaires ont paru,» comme le désigne la Biographie universelle, ne voudrez-vous pas non plus lui donner place dans l'espèce humaine? Né dans l'esclavage, nourri dans l'esclavage, esclave et cocher encore après les premiers troubles; sans culture d'esprit; à peine prend-il les armes, qu'il est partout vainqueur! Polvérel, commissaire de la République, apprenant ses succès, dit en colère : « Mais cet homme fait ouverture partout, » et ainsi lui vint son surnom de Louverture. Durant la guerre, il se montre brave soldat, habile capitaine : par d'heureuses négociations il déloge de toutes les places qu'elles occupaient les troupes anglaises, que les colons royalistes avaient appelées, il chasse les Espagnols, et conserve enfin à la France une colonie qu'elle allait perdre (1). Plusieurs des moyens qu'il emploie pour monter à la fortune nous inspirent une profonde aversion, mais ces trahisons même indiquent une forte tête, habile, ferme, qui juge les événements et sait les diriger ou en prévoir la portée. La paix obtenue, il fait succéder l'ordre à l'immense désordre ; il rédige une constitution d'une sagesse admirable, engage par des proclamations tous les anciens maîtres émigrés à rentrer dans leurs propriétés, et leur donne protection et sécurité ; si bien que, cette loi du rap-

(1) Si le pavillon du peuple français flotte sur Saint-Domingue, c'est à vous et aux braves Noirs qu'il le doit. (Lettre du premier consul au citoyen Toussaint-Louverture.—Paris, 27 brumaire an x.)

pel des émigrés, dont on a fait tant d'honneur à la politique de Bonaparte, Toussaint-Louverture en avait fourni l'exemple. A sa voix ses soldats retournent libres au travail; il réorganise l'agriculture, répare les finances; rend la prospérité et le repos à une île peuplée d'esclaves parvenus de la veille à la liberté. Il craint que le Directoire ne prenne ombrage de l'ascendant qu'il acquiert en faisant le bien, et vaguement soupçonné, surtout après s'être adroitement débarrassé du commissaire Sonthanax, qui le gênait, de vouloir proclamer l'indépendance de la colonie pour s'en constituer chef suprême, il envoie par une de ces inspirations qui semblent appartenir aux hommes de Plutarque, il envoie ses deux fils en France pour les y faire élever, « afin, dit-il, de donner un témoignage de la confiance qu'il a dans la République. » Sa fortune ne l'éblouit pas; il garde une simplicité personnelle extrême au milieu de la magnificence de son état-major et de ses entourages. Il recommande les bonnes mœurs et en donne l'exemple. Quand le consul Bonaparte, préludant à ses desseins despotiques, ordonne l'expédition de Saint-Domingue, on amène au vieux Nègre ses deux fils pour le séduire, il les embrasse, pleure sur leurs têtes, leur dit de choisir entre lui ou les oppresseurs, et reste fidèle aux Noirs. La guerre recommence, il lutte contre les soldats géants de la République française. Forcé de traiter de la paix, il la conclut honorable, rentre dans ses foyers, et lorsque, lâchement trahi par le général Leclerc, il est enlevé de l'île, transporté en France, jeté par ordre de Bonaparte, durant un hiver rigoureux, au fond d'une prison froide, humide, où un homme de son tempérament devait infailliblement périr, il laisse faire, demeure calme, et expire au bout de deux mois, comme un stoïcien de l'antiquité, sans se plaindre d'un mal contre lequel il n'y a pas de remède. — C'est un assassinat par le froid et l'humidité; il n'est aucune espèce de crimes dont Bonaparte se soit fait faute.

Tel fut ce Noir que « la nation comptait au nombre de ses plus illustres enfants, pour les services qu'il lui avait rendus, pour les talents et la force de caractère dont la nature l'avait doué (1), » tel fut cet esclave, « un des

(1) Lettre du premier consul, déjà citée.

principaux citoyens de la plus grande nation du monde (1). »

Assurément, quand le général Leclerc, après des combats meurtriers, traitait avec Toussaint-Louverture de chef à chef d'armée, les Blancs d'Europe croyaient bien que les esclaves de Saint-Domingue étaient leurs égaux en courage, et quand le général français trahissait le général africain, assurément le Blanc était au-dessous du Nègre.

Il suffirait, du reste, de la révolution de Saint-Domingue, dont en France on ne sait pas du tout l'histoire, pour savoir ce qu'on doit attendre des Nègres placés en des circonstances où se puissent développer leurs facultés. On vit alors sortir de toutes ces cases à Ilotes stupides des hommes entreprenants, remplis de courage, de dévouement à leur cause, pourvus des dons les plus solides de l'esprit, qui surent enlever à la fin l'île de Saint-Domingue à la domination des Français, et proclamèrent l'indépendance d'Haïti le 1er janvier 1804; moins de deux années après l'invasion !

(1) Même lettre du premier consul.

Jean-François, un des premiers insurgés, nommé plus tard grand d'Espagne et capitaine-général à Madrid, où il se retira; Biassou, Christophe, pour ne citer que ceux-là, étaient Nègres tous trois, et tous trois ne furent guère des hommes moins extraordinaires que Louverture. Dieu nous garde d'approuver tous leurs actes, pas plus que ceux du cocher de l'habitation de Bréda, mais il ne s'agit point essentiellement de moralité : hélas ! nous n'en sommes pas même là pour les Nègres ; il s'agit d'énergie, d'activité, de puissance cérébrale. Christophe, qui commandait au Cap, où aborda l'expédition dirigée par le général Leclerc, répondit aux sommations de celui-ci : « On nous prend donc encore pour des esclaves ! Allez dire au général Leclerc que les Français ne marcheront ici que sur un monceau de cendres, et que la terre les brûlera ! » Et il donne le signal de la conflagration en mettant le feu à sa propre maison. Un des premiers soins du cruel et traître Christophe, devenu roi, fut, au milieu même de ses royales extravagances, de créer des établissements d'instruction publique d'après le système de Lancastre. Il avait annoncé « vouloir élever une génération qui deviendrait, au milieu des îles esclaves, une preuve vivante de l'égalité morale de leur société aussi bien que de leur condition physique. »

§ II. — *Pendant la révolution de Saint-Domingue, les Blancs commirent plus de crimes que les Noirs.*

On parle beaucoup des *massacres de Saint-Domingue* : un document récent, le rapport de la commission sur la proposition Passy, a même été jusqu'à dire : « La dévastation et le meurtre sont les biens que l'émancipation a portés à Saint-Domingue. » Nous regrettons qu'un ami des Nègres fasse, au mépris de l'histoire, pour le plaisir d'accuser de brutalité les sublimes décrets de la république, une aussi belle part aux ennemis de l'affranchissement. Il est nécessaire de faire observer que la plus grande partie de ces horreurs eurent lieu dans la querelle entre les Blancs et les Mulâtres, auxquels la Convention avait accordé, par son décret du 15 mai 1791, les droits de citoyens. Les Nègres n'étaient pour rien dans ces débats. Ce ne fut qu'après une grande bataille livrée, le 20 juin 1793, par les Blancs aux hommes de couleur, que les commissaires de la Convention, se voyant privés de toute autorité, déclarèrent libres les esclaves qui viendraient se ranger sous la bannière de la république. — C'est un moyen que l'antiquité ne manqua jamais d'employer dans les grandes crises. Peu avant la fin de la guerre du Péloponèse, les Athéniens, épuisés, donnèrent la liberté, avec les droits de citoyens, à tous les esclaves qu'ils avaient appelés à la fameuse bataille des îles Arginuses. Marius, banni, ne rentra à Rome qu'avec une armée d'esclaves. Dans les temps modernes, lors de la guerre d'indépendance de l'Amérique du Nord, les Anglais armèrent, en Virginie, les esclaves contre leurs maîtres. Les exemples fourmillent.

Quand la Convention, au mois de février 1794, abolit la servitude dans toutes les possessions françaises, Saint-Domingue était ensanglantée depuis longtemps par la guerre civile qui dévorait les Blancs et par la résistance des colons aux raisonnables volontés de la mère-patrie. On devrait jeter un voile sur les crimes des révoltés ; ils ne firent rien que la justice éternelle ne dût absoudre, en se cachant la face de désespoir. Le courage nous manque pour condamner des opprimés qui rendent *mort* et *carnages* pour *extermination* et *barbaries*. L'homme esclave revient à la liberté, comme la vapeur comprimée à l'espace, en brisant tout ce qui s'oppose à sa force expansive. Les oppresseurs ne sont-ils point coupables de la moitié des forfaits qu'il peut alors commettre ? On ne lui laisse d'autres armes que la flamme et le poignard ; peut-il avoir d'autres pensées que la violence ? Nous voulons citer, à ce sujet, une observation de James Bruce. James Bruce, pour avoir écrit cela au milieu de l'Afrique et s'être déclaré partisan systématique de tout esclavage, est un homme dont la parole est ici de grand poids.

«Je ne crains pas d'attester que tout ce qu'on a raconté jusqu'à présent des Shangallas et de la plupart des autres nations nègres est fort peu digne de foi. Pour les faire bien connaître, il faut les voir dans leurs forêts natales, dans toute la simplicité de leurs mœurs, vivant du seul produit de leur chasse, et ne connaissant d'autre liqueur que l'eau pure des sources et des étangs, qu'ils boivent pour le seul plaisir d'étancher leur soif. Lorsqu'ils ont été arrachés à leur pays, à leurs familles, réduits à la condition des brutes et forcés de travailler pour un maître qui leur était inconnu ; lorsqu'on leur a rendu nécessaires le vol et tous les autres crimes européens, dont la liste est si longue ! lorsqu'ils ont connu le plaisir de boire des liqueurs fortes, qui, quoique très-court, les entraîne, parce qu'il est le seul remède à leurs maux et qu'il les empêche de réfléchir à l'horreur de leur esclavage; lorsqu'enfin on les a rendus des monstres, on les peint comme tels, oubliant qu'ils sont, non comme la nature les a créés, mais comme nos vices leur ont appris à être. »

N'est-ce pas étrange, en effet ? Vous vous étonnez que l'esclave devenu libre soit faux, paresseux, méchant ; vous vous faites un argument de ses vices, vous y prenez les motifs de votre sympathie pour la servitude; puis vous trouvez tout simple qu'un forçat sortant des bagnes soit pervers, voleur, haineux ; et c'est précisément dans son immoralité que vous puisez les démonstrations de la nécessité d'un vaste et bon système pénitentiaire. Contradiction! contradiction! Toute guerre servile sera fatalement hideuse. Affranchissez donc l'esclave, car la révolte est le droit des esclaves. Voulez-vous trouver ce droit dans votre propre cœur? pensez à ce que vous feriez si l'on vous jetait en servitude. — Et puis, croit-on que les Blancs fussent bien doux et sans reproche? L'armée française avait respiré l'air du pays. « Les Nègres, dit le colonel Malenfant (1), *propriétaire* à Saint-Domingue, les Nègres ont le « cœur ulcéré par les cruautés qu'on a exercées envers eux, en faisant des noyades à « la Carrier, en les faisant dévorer par des « chiens que l'on ne nourrissait que de chair « de Noirs pour les rendre plus féroces! » Ecartons! écartons le souvenir de ces communes atrocités! cachons-les pour toujours sous les plis du pur manteau de l'affranchissement.

(1) Des colonies, et particulièrement de celle de Saint-Domingue.

§ III. — *Les Nègres en régime civilisé à Haïti.*

Si l'on ne sait guère l'histoire de la révolution de Saint-Domingue, en revanche on ne sait pas du tout celle de la république d'Haïti. Parce que Haïti ne pouvait solder les annuités de la somme énorme de 150 millions qu'elle a follement consenti à nous payer pour prix de la reconnaissance de son indépendance, les planteurs nous répètent qu'il n'y a dans cette société que désordre et anarchie, conséquemment que les Nègres sont *incivilisables.*

Mais quel pays, quelle race a donc fait en trente ans les progrès qu'on demande? Oublie-t-on que Saint-Domingue est peuplé d'anciens esclaves ou de la première génération d'anciens esclaves? Oublie-t-on que Saint-Domingue, laissé libre en 1804, mais bouleversé, ruiné, dévasté, redoutant toujours une nouvelle descente, eut les plus grandes difficultés à vaincre pour réparer les maux de l'invasion? Voit-on que le Mexique, la Colombie, la Grèce, placés dans des conditions de progrès et de bien-être certainement meilleures, paient beaucoup mieux l'intérêt de leurs dettes, malgré la blancheur de la peau de leurs habitants, et soient beaucoup plus avancés qu'Haïti? Il faudrait au moins mettre de la bonne foi en un tel débat. Aussi bien, si des voyageurs ont vu infiniment de mal à Saint-Domingue, d'autres, et gens de marque, en rapportent infiniment de bien. Le vice-amiral John Fleming, rendant compte, devant le comité d'enquête de la chambre des communes, de son voyage à Haïti, en 1829, est très-favorable à la jeune république (1). « Tout ce qu'il y a vu avait le « caractère d'une haute civilisation. La police « était mieux faite que celle des nouveaux « états de l'Amérique du Sud. On pouvait « parcourir l'île dans tous les sens avec beau- « coup de rapidité et par des routes bien en- « tretenues. Celle qu'on venait d'ouvrir du « Port-au-Prince au Cap Haïti ferait honneur « à tous les gouvernements. On avait aussi « établi une poste régulière, et il avait pu « envoyer des courriers à jours fixes du cap « Nicolas au Port-au-Prince, distant de

(1) Faits et renseignements, etc., par Zachary Macaulay.—Chez Hachette, 1835.

« quatre-vingts lieues. Le gouvernement y « était digne enfin d'un peuple civilisé. »

M. Richard Hill (1), après avoir parcouru notre ancienne colonie dans tous les sens, dit que l'état actuel des campagnes est satisfaisant : peu de moyens pécuniaires, mais beaucoup de zèle ; des enfants beaux et gais ; des écoles, de l'ordre, de la moralité, du bien-être, de l'intelligence dans toutes les industries et toutes les exploitations ; des travaux d'ingénieurs ; une hospitalité qui ne se dément nulle part. Ils vivent en paix, et, pour fortifier l'esprit de liberté, ils s'entretiennent, à la veillée, du récit des crimes de leurs anciens tyrans. C'est un Eden que peint M. Richard Hill, qui, à la vérité, est un homme de couleur et a beaucoup de poésie dans la tête. On prendrait seulement la moitié de son récit, que ce serait encore fort beau ; mais ce qu'il y a d'extraordinaire, c'est que le célèbre Owen, l'homme bon et positif, répète absolument les mêmes choses, et, de lui, on ne peut croire à aucune illusion volontaire.

(1) Lettres d'un voyageur à Haïti pendant les années 1830 et 1831.—Londres.

Voici comment il s'exprime : « Le jour où je « débarquai à Jacmel était un jour de fête « religieuse. Tout était nouveau pour moi, « et d'autant plus nouveau que c'était la pre- « mière population de couleur que j'eusse « jamais vue dans l'état de liberté. Eh bien ! « elle était mieux habillée, plus propre, plus « décente ; elle montrait des manières plus « douces et plus polies qu'aucune classe d'ou- « vriers que j'eusse pu observer dans aucun « pays civilisé. Il y avait plus d'urbanité dans « l'expression de leurs physionomies que je « n'en avais remarqué en Europe et en Amé- « rique. »

Après de pareils rapports venant de pareilles autorités, n'est-il point déplorable d'entendre un homme sérieux, revêtu d'un caractère spécial, parler de « ce hideux état « de société haïtienne à côté duquel les ré- « gences barbaresques sont de véritables phé- « nomènes d'industrie et de civilisation. » A moins que M. Cools ne vienne attester qu'il a vu par ses yeux, ou nommer de graves témoins, on sera bien obligé de reconnaître que les délégués des colons écrivent quelquefois plus légèrement qu'il ne devrait être.

§ IV. — *Les Nègres fondant une société libre à Liberia et à Sierra-Leone.*

Il est une contrée où les Nègres libres ne se présentent pas sous un moins favorable aspect qu'à Haïti. Liberia, située sur la côte de la Guinée, à environ quatre-vingts lieues à l'est de Sierra-Leone, fut fondée, en 1817, par une société américaine, comme lieu d'asile pour les Noirs rachetés ou émancipés. S'il est juste de flétrir les états de l'Amérique du Nord qui conservent des esclaves, il est juste aussi de ne pas envelopper dans notre colère toute la puissante Union. Elle possède plus de deux cents sociétés d'abolitionistes, soit d'hommes, soit de femmes, qui ont racheté beaucoup d'esclaves et les ont fait transporter, à leurs frais, dans la nouvelle colonie (1). Liberia est due tout entière aux Américains : or, en 1828, elle comptait quinze cents habitants qui fournirent à l'exportation pour 70,000 piastres de produits indigènes; et déjà, à cette époque, il se pu-

(1) Revue britannique, 23e livraison, tome XII.

bliait à Monrovia, capitale de l'établissement, un journal, *le Liberia Herald,* rédigé en anglais par les colons noirs. Plusieurs numéros de ce journal, que nous avons entre les mains, nous ont semblé très-avancés. Dès 1828, la colonie commençait à fonder des relations avec les peuplades environnantes, et faisait élever dans ses écoles une centaine de jeunes gens de ses voisins. On ne peut douter qu'elle ne devienne, pour l'intérieur de l'Afrique, un riche agent de civilisation. En 1832, cinquante-neuf bâtiments marchands, français, anglais, américains, ont visité ses ports et en ont emporté pour 80,000 piastres de bois rouge, d'ivoire, d'huile de palmier, d'écailles de tortues et de poudre d'or.

M. Worhees, commandant le sloop de guerre *John Adam*, a visité Liberia en 1833, et, dans son rapport du 14 décembre de la même année, il représente Monrovia comme étant très-prospère : « Ses habitants offrent « un air d'aisance remarquable ; plusieurs « magasins construits en pierre bordent le « fleuve ; d'autres sont en construction. Des « bâtiments débarquent leurs marchandises « ou font leur chargement de retour ; enfin

« il règne un mouvement et un aspect d'af-
« faires tels qu'on en voit dans nos ports. » Monrovia a une cour de justice où siége le jury.

Il y a trois ans, un bâtiment français fait naufrage au sud du grand Bassa. L'équipage, composé de vingt individus, est recueilli par les habitants de l'endroit qui lui facilitent les moyens de se rendre à Monrovia, en longeant la côte. Là, les naufragés sont placés à bord d'une goëlette de la république et conduits à notre possession de Gorée. — Le gouvernement de Gorée expédia peu après un de ses officiers pour adresser aux colons noirs les remerciements qui leur étaient dus (1). Ne voilà-t-il pas des Nègres qui, pour être des esclaves émancipés, des policés d'hier, donnent une belle leçon d'honneur et d'humanité aux féroces habitants de quelques côtes de France et d'Angleterre? Tout cela, c'est de la civilisation, ou il n'en fut jamais au monde.

(1) Notes communiquées à diverses époques par M. Warden à la Société de Géographie de Paris. Voir les bulletins de la Société.

Les derniers renseignements que nous ayons lus sur Sierra-Leone, où l'on sait que l'Angleterre envoie les Noirs qu'elle arrache aux négriers, remontent jusqu'à 1830. Ils n'étaient pas moins concluants que ceux qu'on vient de lire pour Liberia. Les Nègres sont, à Sierra-Leone, moins avancés; mais ils n'y montrent pas une moins grande aptitude à tout : ils cultivent les champs, construisent des villages en pierre, font le négoce, et quelques-uns d'entre eux envoient déjà, à ce qu'il paraît, leurs enfants en Angleterre pour leur procurer une belle éducation (1).

Voilà ce que nous avions à dire sur les Africains.

Avec les voyageurs, nous les avons étudiés chez eux; en consultant l'histoire, nous avons pu apprécier plusieurs individus notables de leur race; sous la responsabilité de témoins oculaires et de rapports officiels, nous les avons vus, dans des établissements modernes, travailler à s'approprier les trésors de l'esprit

(1) Mémoire de M. Macaulay sur la colonie de Sierra-Leone et la conduite des Africains libérés qui y sont placés.—Hachette, 1835.

humain ; et partout, et toujours, nous les avons trouvés ce que leurs amis peuvent les désirer. Qu'importe, après cela, que les plus éclairés des colons veulent bien nous accorder que, « malgré leur angle facial, ils forment « avec la race blanche les deux extrêmes de « l'espèce humaine (1) ? » Jamais, on le voit, on n'aura pu dire avec plus de justesse que les deux extrêmes se touchent.

Les raisonnements, quelque bons qu'ils soient, ont cela de fâcheux qu'avec une certaine habileté on peut les réfuter. C'est pourquoi, dans ces deux chapitres, où il s'agissait particulièrement de *prouver*, nous avons laissé place entière aux *faits*. Ce n'était pas notre avantage d'écrivain, car ce parti nous prête les allures d'un compilateur ; nous n'avons pourtant pas hésité à nous y résoudre. Comment établir mieux l'éminence de l'organisation morale et intellectuelle des Nègres, leur égalité avec nous, qu'en rassemblant nombre de leurs œuvres ? Après ce qu'on vient de lire, quel lecteur de cons-

(1) De l'affranchissement des esclaves, par M. Lacharrière.

cience pourra garder une minute encore la croyance que les Africains soient une race à part et maudite ? Les labeurs d'une compilation deviennent faciles lorsqu'on songe à de pareils résultats.

CHAPITRE III.

ABOLITION DE L'ESCLAVAGE.

§ I. — *Il est absurde d'arguer de la servitude antique pour justifier la servitude moderne.*

Les propriétaires d'hommes ont trouvé, depuis peu, d'étranges défenseurs ; c'est maintenant au nom de l'histoire du monde qu'on prétend les absoudre. On fait de l'esclavage je ne sais quelle loi physiologique, nécessaire, éternelle, de la société ; on assure « qu'il est dans la vie des peuples ce que « l'enfance est dans la vie de l'homme (1) : »

(1) De l'abolition de l'esclavage dans les colonies françaises, par M. Favard, délégué des Blancs de la Guyane française.

on nous le veut présenter comme un *fait providentiel*, une des phases de la civilisation, et l'on nous dit ensuite que critiquer l'esclavage, prôné par Aristote, toléré par Jésus-Christ, c'est critiquer à-la-fois la Providence, la civilisation, Aristote et Jésus-Christ.

N'est-ce pas misérable?

Il est curieux de les entendre, ces profonds savants qui veulent systématiser la servitude des Noirs, parce qu'ils ont *découvert* que l'ilotisme remplaça autrefois le massacre des vaincus. M. Mauguin s'est pourtant chargé d'une telle entreprise. Ne voit-il pas que le régime antique ayant été le fruit de la guerre, il n'y a nulle parité à établir avec le régime colonial, fruit d'un infâme commerce? Mais encore, où nous menerait une telle façon d'argumenter? Si vous excusez la servitude moderne par la servitude antique, il vous faudra forcément excuser toute cruauté des propriétaires actuels par les cruautés des propriétaires anciens. Si un colon jette dans un étang, pour y servir de nourriture à ses murènes, un Noir qui lui aura cassé un gobelet; si un propriétaire fait crucifier un Nègre qui lui aura mangé une caille, vous direz que cela est bien, puisque Pollion et le clément empereur Auguste le firent. Si un Blanc fait arrêter la croissance de quelques-uns de ses esclaves, allonge leurs têtes, tourne leurs membres, s'amuse, en un mot, à les façonner en monstres de fantaisie, vous direz que cela est très-bien, par la raison que Caligula le fit, et vous ajouterez d'un air triomphant : « L'esclavage moderne est plus doux que l'esclavage antique ; on n'immole plus les esclaves sur la tombe de leurs maîtres (1). »

Ils justifient le crime par le crime : logique de bêtes féroces !

M. Montlosier, avec son pesant dogmatisme, n'a pas craint de dire : « L'esclavage doit être ; c'est une des misères infligées à l'humanité à cause du péché du premier homme (2). » Heureusement celui-là est mort. Oh ! les sophistes ! les sophistes, corrupteurs de peuples ! Vous verrez que, si quelque nation s'avise, un jour ou l'autre, d'égorger ses

(1) M. Mollien, mémoire déjà cité.

(2) Séance de la chambre des pairs, 11 juin 1837.

prisonniers, elle trouvera de beaux-esprits gagés qui, l'histoire à la main, viendront demander en sa faveur un bill d'indulgence!

Pour faire tant que de raisonner de la sorte, on peut s'étonner que les souteneurs de l'ilotisme aient négligé un argument qui leur serait meilleur qu'aucun autre, car il est puisé dans l'histoire naturelle, laquelle certainement doit paraître d'un bien autre poids que l'histoire humaine. Si j'étais à leur place, je dirais que l'esclavage est une manière d'être dans l'ordre de la nature et dont le *Créateur* lui-même a donné la loi en produisant plusieurs espèces animales pour ce doux emploi; je démontrerais que l'asservissement des hommes noirs par les hommes blancs est une chose normale, puisque les fourmis amazones, qui sont rousses, réduisent en servitude les fourmis mineuses, qui sont fauve pâle; même sans aucune exagération, il est facile de pousser la chose un peu plus loin; ceux qui voudraient manger leurs enfants en trouveraient le droit dans les plaines de l'Inde, où les tigres dévorent leurs petits, et comme *Dieu*, dans sa bonté infinie, a fait aussi que les loups dévorent les loups, malgré le proverbe, celui qui aurait envie de manger son voisin n'aurait plus à s'en cacher.—La raison d'histoire naturelle pour les antropophages serait au moins aussi bonne que la raison d'antiquité pour les propriétaires d'esclaves.

Si l'existence reculée d'un mal et l'approbation qu'en ont pu faire de grands esprits en des siècles où l'humanité était moins éclairée que de notre temps devait être d'un poids quelconque, on serait donc libre aussi de soutenir que la torture est une invention excellente, parce qu'on la retrouve sur le globe entier à toutes les époques; dans l'Inde, en Chine, en Perse, en Grèce, à Rome, et de plus tolérée ou même provoquée par des hommes universellement admirés. Qu'il nous soit permis d'allonger cette digression par un dernier exemple. Croirait-on que le chancelier d'Aguesseau, une des lumières de son temps, homme de bien, grand magistrat, écrivait, en 1734, ceci? « Ou la preuve du crime est complète ou elle ne l'est pas. Au premier cas, il n'est point douteux qu'on doive prononcer la peine portée par les ordonnances; au second cas, il est aussi certain qu'on ne peut ordonner que la *question* ou au *plus ample informer.* » Ainsi le chancelier d'Aguesseau, il y a un siècle à peine, ne mettait pour parvenir à la vérité aucune différence entre l'alternative de tourments affreux ou d'une seconde instruction, entre un plus ample informer ou la question, cet atroce procédé judiciaire dont nos collégiens savent reconnaître l'inutilité. — A quoi peuvent mener ces arguties? Notre siècle n'a pas d'hommes supérieurs à Socrate ni à Diogène, nous le savons, l'esprit humain ne s'agrandit pas, mais il s'éclaire, il se purifie, il progresse avec l'expérience vers la vraie sagesse, la bonté, l'amour du prochain; et c'est un sophisme de bourreau que de prétendre valider aujourd'hui un état de choses exécrable par l'assentiment que lui donnèrent autrefois des génies éminents. Oui, l'esclavage est un fait primordial, cela est vrai; il est né des usurpations de la force individuelle; les premiers esclaves furent les premiers enfants: oui, il a été un état normal du monde entier, mais de tout temps, cela est vrai aussi, on a fait valoir l'égalité originelle des hommes, quoi qu'alors l'individu n'eût pas toute sa valeur, quoique l'homme n'eût pas, comme de nos jours, des droits attachés à sa qualité d'homme. Depuis Moïse, qui est le premier esclave révolté de l'antiquité, et qui défend qu'un Hébreu soit vendu à un étranger (1), depuis Moïse jusqu'à nous, il y a eu des protestations théoriques, philosophiques, effectives contre l'esclavage, et l'on a vu des sectes repousser de leur sein cette monstruosité sociale, comme les Nabathéens parmi les Arabes (2), les Esséniens chez les Juifs et les Pléistes chez le Daces (3), les Vira Sciva chez les Indiens (4). La chose sera prouvée dans un livre sur l'esclavage antique auquel nous travaillons, et dont les extraits allongeraient trop ce mémoire. Nous démontrerons même qu'il fut une époque où les Grecs n'avaient ni esclaves ni serviteurs, et que l'esclavage n'était point pour eux un mode social dont ils ne pussent trouver le commencement en remontant dans leurs annales (5). Après tout, parce

(1) Lévitique, ch. XXV, v. 39 à 42.

(2) Diodore de Sicile.

(3) Josèphe, Antiquités, livre 18, chap. I.

(4) Abbé Dubois, mœurs, institutions et cérémonies des peuples de l'Inde.

(5) Pour cette assertion, qui paraît peut-être un peu

que la tache de l'esclavage est pour le monde entier une tache originelle, de même que la torture et la peine du talion, est-ce un motif pour ne pas l'effacer ou pour retarder toujours ce grand acte de justice sous le barbare prétexte d'inopportunité? Si quelque révélateur venait donner les moyens de rendre les hommes bons, charitables et probes, serait-on bien reçu à vouloir reculer le moment de la glorification universelle, parce que l'histoire universelle nous montre l'homme toujours odieusement égoïste et méchant.

§ II. — *La servitude des Noirs est déclarée immorale par ceux-là mêmes qui soutiennent encore le droit des maîtres.*

Quoi qu'il en soit, pour revenir à notre texte, on conviendra que la question de la délivrance des Nègres a fait de grands pas. On a beau se plaindre *du peu de retenue* des négrophiles, de *l'intempestivité de leurs clameurs*, ils ont obtenu beaucoup. Grâce à eux,

hardie, voyez, entre autres, Hérodote, livre 6, chapitre CXXXVII.

la traite n'existe plus, les possesseurs de chair humaine sont troublés dans leurs possessions; on soutient toujours l'ilotisme en fait, mais on le blâme au point de vue moral; on le défend par tous les sophismes imaginables, mais lorsqu'on veut rendre compte de ses opinions personnelles au tribunal de la conscience publique, on s'en déclare l'ennemi; les défenseurs payés des propriétaires d'hommes, M. Mauguin et M. Dupin, confessent que l'on a raison, en principe, de vouloir l'abolir; les délégués des Blancs eux-mêmes annoncent maintenant être disposés « à ne « repousser aucun des moyens qui peuvent « conduire à la cessation graduelle de l'es« clavage. » L'un d'eux disait encore dans l'avant-propos d'une brochure publiée récemment (1) : « J'ai analysé le droit du maître sur l'esclave (le droit d'un homme sur un homme !...) et j'ai cherché à déterminer quand et de quelle manière il convient de le faire cesser dans nos possessions d'outre-mer. » Ces messieurs répètent encore de grand sang-froid « que leurs Noirs sont plus heu-

(1) De l'affranchissement des esclaves, par M. Lacharrière.

reux que nos ouvriers. » Mais en même temps ils avouent « que le travail libre est préférable au travail forcé. » Ils accordent la moralité de l'abolition, ils l'admettent tous comme une chose juste, bonne, nécessaire, ils n'en discutent plus que l'opportunité, ils n'en font plus qu'une question de temps, et ils finissent par dire, il est vrai, que le temps n'est pas encore venu. La conclusion est employée depuis des siècles par ceux qui ont intérêt à ce que le temps ne vienne jamais. C'est une tactique assez habile, mais dont personne ne peut plus être dupe, que celle de crier contre un abus durant cent pages, et à la centunième de conclure à l'inopportunité momentanée de la réforme. Aussi, peu nous importe la conclusion, les aveux nous restent acquis.

Sous prétexte qu'ils connaissent mieux le pays, qu'eux seuls peuvent savoir si la population est mûre pour l'affranchissement, les maîtres nous recommandent encore le silence, ils profitent adroitement de la loi d'émancipation anglaise. « Nous voulons, comme les philosophes, la destruction de l'esclavage, mais sachons si la chose est possible. Les Anglais et le temps vont nous l'apprendre ; observons et attendons (1). » Voyez où un tel arrangement nous mène : si l'Angleterre échouait, on viendrait nous dire : « Les Anglais n'ont pas réussi, donc les Noirs doivent rester esclaves ; ou bien attendons que l'Angleterre fasse quelque nouvelle expérience ! » N'avez-vous pas de honte de mettre ainsi à la queue de l'Angleterre une nation qu'on a toujours vue en tête du mouvement intellectuel de l'Europe? Attendre ! attendre ! Mais il y a trois siècles que les Nègres attendent ! Quand donc cela finira-t-il? Il ne faut pas être un logicien bien serré pour concevoir que l'ajournement indéfini de la réparation c'est le maintien indéfini de l'injure. Les colons anglais usaient depuis trente ans des mêmes fins de non-recevoir ; ils en ont usé

(1) De l'affranchissement des esclaves, par M. Lacharrière.

Voyez de plus le rapport de la commission du conseil colonial de la Martinique, chargé de donner un avis sur diverses propositions du gouvernement. (1er août 1836.) « Lorsque l'essai qui se continue dans les îles voisines aura achevé de parcourir ses diverses phases, nous connaîtrons mieux, etc., etc. » Adresse au roi du conseil de la Guadeloupe, du 10 août 1837. C'est toujours le même langage : remise éternelle.

jusqu'au dernier jour. Si on les avait écoutés, leurs esclaves seraient encore esclaves. Avant de libérer, nous dites-vous, faites hommes ceux qu'il vous plaît de libérer! Mais qui donc les fera hommes? Est-ce le fouet de vos commandeurs? Vous ne voulez pas même que l'on parle d'abolition. En 1836, le ministère fit consulter les assemblées des colonies sur diverses mesures préparatoires; ces ouvertures, où il n'était question pourtant que d'améliorations, ont été repoussées très-vivement par vos conseils de la Guadeloupe, de la Martinique, de la Guyane et de Bourbon. Qu'avez-vous jamais opéré en faveur des Noirs, vous tous défenseurs de ce que vous appelez *le droit des propriétaires?* Quel moyen avez-vous présenté de détruire l'esclavage, sans nuire à ce droit violateur du premier droit de l'homme? Quand donc, à votre avis, viendra le jour de l'indépendance? Avec vos continuelles demandes de temporisation, le sol serait-il mieux préparé dans deux cents ans qu'aujourd'hui pour recevoir les semences de la liberté? Et d'ailleurs toutes ces lois qui ont été faites depuis plusieurs années ne sont-elles pas des préparations suffisantes ; les affranchissements régularisés, favorisés, les hommes de couleur mis sur le même pied politique que les hommes blancs, l'ordonnance du 30 avril 1833, qui supprime la mutilation et la marque, le projet du nouveau code d'esclavage qui vous a été soumis et sur lequel le conseil de Bourbon a refusé même de délibérer (28 octobre 1835), les deux projets d'ordonnance sur la conversion du pécule en propriété et la faculté de rachat, soumis le 3 octobre 1835, au conseil des délégués et repoussés comme le reste; tout cela n'annonçait-il pas un nouvel ordre de choses pour les colonies? Les esclaves eux-mêmes, malgré la nuit obscure où on les tient, n'attendent-ils pas l'indépendance? ne demandent-ils pas aux vents de France s'ils apportent la liberté? «Combattre tout projet d'affranchissement qui ne serait pas précédé de la moralisation des Noirs (1), » c'est vouloir le *statu quò*, car il n'y a pas de moralisation possible pour des esclaves. La bassesse de cœur, les mauvaises

(1) M. de Cools annonce que tel est son dessein. Voir sa brochure de l'Emancipation des esclaves.

mœurs, la fainéantise communes à la généralité des Noirs ne sont pas des maux éventuels; nous l'avons déjà dit, l'antiquité faisait identiquement les mêmes reproches à ses esclaves; ce sont vices inhérents à l'esclavage, ils tiennent à sa condition. C'est un des effets de la servitude d'avilir l'esclave et d'endurcir le maître, et le maître voudrait traiter les esclaves comme des hommes qu'il ne le pourrait pas. Un auteur anglais a dit avec une heureuse énergie d'expression : « On ne peut pas plus régler humainement l'esclavage qu'on ne pourrait régler l'assassinat. »

§ III. — *Quoi qu'en disent les colons et leurs délégués, les esclaves veulent être libres.*

Si l'on en croit les colons, les Nègres sont « des bêtes brutes pour qui la liberté serait un présent funeste. » Dans le cas où l'on consulte ces *bêtes brutes*, « on n'en trouve pas une qui désire retourner dans son pays (1). »

(1) A côté de cette assertion de M. Félix Patron, extraite de sa brochure mentionnée plus haut, lisez le Journal de voyages de Denham, Clapperton et Oudney,

Les avocats des propriétaires inventent des histoires de Nègres émigrés chez les Anglais, qui, après avoir usé de la liberté, reviennent volontairement prendre leurs fers. « Les esclaves chantent; donc ils sont heureux, et c'est avoir la monomanie de la bienfaisance que de s'occuper de leur sort (1). » Mais les galériens chantent aussi, est-ce qu'ils sont heureux? Eh bien! l'esclave est un galérien dont tout le crime est d'avoir la peau noire! Il est rayé de la vie morale, jeté hors du droit civil, il ne peut ni donner, ni recevoir, ni acquérir, ni tester, ni témoigner; il n'a aucun droit, il n'a point de patrie, point de famille; il ne possède quoique ce soit au monde, pas même ses enfants; il n'est pas: c'est une chose, un meuble, un effet mobilier; plus malheureux que le forçat, il tra-

ils vous diront qu'il n'est pas de caravane allant de Tripoli au pays des Nègres dans laquelle ne se trouvent plusieurs esclaves affranchis qui regagnent leur terre natale. Les trois voyageurs anglais, en allant à Kouka, en avaient trente avec eux qui les quittèrent à Lary, « pour retourner au Kanem, leur pays, où ils désiraient mourir. » Chap. 1er.

(1) Le *Salazien*, journal de Bourbon déjà cité.

vaille sous le bâton ! Et qu'on ne vienne point répéter encore que cela est une erreur; quiconque a été aux colonies l'a vu de ses yeux : le commandeur est armé d'un fouet ; nous allons plus loin, l'usage du fouet est indispensable ; la bastonnade est *une conséquence nécessaire* du travail forcé. On met le galérien au cachot, mais on ne met pas au cachot des instruments aussi coûteux que le sont des Noirs ; il faut qu'ils piochent la terre ou qu'ils meurent sous les coups. Capitaux doués de vie, ils ruinent s'ils ne produisent.

Au reste, si les Nègres aiment tant la servitude, comment donc se fait-il qu'au 31 décembre 1834, cinq mois après la déclaration d'affranchissement, il était annoncé à la chambre des communes que plus de six cents Noirs des Antilles françaises avaient passé à la Dominique et à Sainte-Lucie (1). Comment

(1) Il y a, à Sainte-Lucie, quatre à cinq cents personnes qui se sont évadées de la Martinique et de la Guadeloupe, pour échapper à l'esclavage ; on en a dressé un état, et tous les mois ils sont rassemblés par le gouverneur. J'ai remarqué aux environs de la ville des Nègres occupés à déblayer des terrains, à cultiver des jardins et à bâtir des maisons. On m'a dit que c'était

donc se fait-il que les goëlettes du gouvernement aient reçu l'ordre de redoubler de vigilance contre les pirogues fugitives, et qu'au mois de mars 1838 on ait publié à la Guadeloupe promesse d'une prime de 200 fr. à quiconque ramenerait un Noir déserteur? Pourquoi donc alors tant de révoltes d'esclaves de tous côtés? N'a-t-on pas jugé trois complots à la Guadeloupe, seulement depuis 1829? Et l'affaire de la *Grande-Anse*, à la Martinique (1833), où l'on prononça quarante-une condamnations capitales? au moins celles-là furent commuées. Mais à la suite de la révolte qui avait précédé (1831), les Martiniquais n'avaient-ils point envoyé héroïquement vingt-six Noirs à la potence d'un seul coup! Si les Nègres se félicitent tant de leur sort, pourquoi donc alors les colons tremblent-ils sans cesse? Pourquoi se plaignent-ils des moindres discussions parlementaires au sujet des Nègres, comme funestes à la tranquillité des îles? Voilà d'étranges raisonneurs!

là les Nègres français. (Rapport d'un témoin occulaire sur la marche du système d'émancipation, par John Innes, 1836.)

ils prétendent que les esclaves sont les gens les plus heureux du monde, que les Noirs ne voudraient pas de la liberté si on la leur accordait, et ils s'opposent aux lois qui donneraient aux esclaves la faculté de se racheter! et la moindre parole les épouvante! Hideux état social que celui où l'on ne peut prononcer le mot *liberté* sans danger!

Il y a plusieurs mois on entendit devant les tribunaux de France un Nègre préférant les chaînes à l'indépendance demander qu'on le ramenât à son maître. Il était convaincu de vol; et disait qu'il avait volé pour manger. Ce fait isolé n'établit pas grand'chose en faveur de l'esclavage; il accuse plutôt l'odieuse constitution sociale, où un homme qui veut gagner sa vie en travaillant ne le peut pas. Néanmoins les amis de la servitude se sont montrés fort heureux de l'aventure. Mais cette contradiction de leur optimisme avec leurs terreurs perpétuelles ne les condamne-t-elle pas *à priori?* Et puisqu'il est question de terreurs, disons-le, c'est une folie de rejeter sur les abolitionnistes la responsabilité de ce qui se passe aux colonies. Nos discours n'y font rien. Il n'y avait point de philantropes ou du moins de sociétés d'émancipation du temps d'Appius Herdonius, d'Eunus, de Salvius, d'Athenion, de Spartacus, et les esclaves romains ne s'en sont pas moins révoltés, comme les Hébreux des Egyptiens, comme les ilotes des Lacédémoniens s'étaient révoltés en leur temps, comme les serfs du moyen-âge se révoltèrent à leur tour, comme les Noirs de Surinam se sont révoltés en 1712, ceux de la Jamaïque en 1750, ceux des Florides en 1837, et comme ceux qui nous entourent se révolteront pour la cent millième fois, non parce que nous déclamons ici, mais parce que l'esclavage est une situation contre nature, une situation intolérable.

A propos de nos dangereux manifestes, l'occasion est favorable pour répondre à certaines doléances. On nous reproche *d'oublier dans nos écrits furibonds qu'il y a des Blancs aux colonies, et de mettre le poignard à la main de leurs Nègres;* mais que veut-on? garder éternellement le droit de mort et d'exil? Si nous ne parlons, qui parlera? Laissez faire aux maîtres, nous répètent les conservateurs, eux-mêmes se chargeront d'affranchir! Moquerie! infâme moquerie!...

Avait-on jamais vu les maîtres s'occuper d'améliorer le sort des malheureux Noirs. Si les *propos incendiaires des abolitionnistes* n'avaient ému le monde, l'œuvre d'émancipation n'en serait-elle pas encore où elle en était en 1783. Les planteurs y songeaient-ils avant que les quakers de Philadelphie n'appelassent à l'aide des opprimés? Hélas ! on ne le sait que trop, ils usaient de ces vils instruments appelés Nègres, et quand ils n'en avaient plus, ils en envoyaient chercher à la côte d'Afrique, comme on renouvelle une provision épuisée. C'était une prodigalité de Nègres effroyable. Le jour où Pitt demanda l'abolition de la traite à la chambre des communes (1788), les marchands de Liverpool, alors grands négriers, s'y opposèrent, alléguant pour motif que l'intérêt des colonies anglaises exigeait qu'on y maintînt une population de 410,000 esclaves, et que la fixation de ce nombre rendait *nécessaire chaque année l'introduction de* 10,000 *Nègres nouveaux!!!* C'est fort intelligible, cela. Froissard (1) cal-

(1) La cause des Nègres, portée au tribunal de la justice, de l'humanité et de la politique. 2 vol. in-8°.

culait, en 1788, que la traite avait ravi à l'Afrique plus de 60 millions d'habitants. M. Schœll (1), moins exalté que lui, fait encore monter ce nombre à 30 millions ! Ce ne sont point là des phrases philantropiques... Ainsi, des planteurs, depuis 1511 que le roi Ferdinand fit transporter dans ses domaines un assez grand nombre de Noirs achetés ou volés sur la côte, avaient déjà par eux-mêmes ou par leur fait dévoré à l'Afrique 30 millions de ses enfants, quand on se permit de porter les yeux sur leurs propriétés ! et ils osent se plaindre ! et quand on veut arrêter cette monstrueuse consommation d'hommes, ils disent que des déclamations portent le trouble dans des colonies bien heureuses !!! O honte ! ô sainte colère !

§ IV. — *Il est faux de dire que les Nègres en état de liberté ne travaillent pas.*

En demandant que l'on prépare les Nègres pour la liberté, leurs ennemis témoignent de grandes craintes sur leur prétendue indolence

(1) Abrégé des traités de paix.

naturelle. Avant tout, fussent-ils réellement incapables d'habitudes laborieuses, je déclare que je ne verrais pas là un motif suffisant pour laisser à qui que ce soit le droit de les réduire en servitude, ensuite je hasarderai de dire que ce penchant à l'oisiveté, cette insouciance de l'avenir que leur reconnaît M. de Sismondi, et sur lesquels appuient si fort tous les conservateurs, ne sont que des produits de la servitude.—Tâchons donc de nous mettre en possession de la vérité.—A Sierra-Leone, les Nègres sauvés de la traite ne montrent aucune répugnance pour le travail; à la Havane, où les Noirs libres sont nombreux, nous les avons vus se louer de bonne grâce pour la culture; parmi ceux qui sont esclaves, le fouet même n'est pas absolument indispensable pour tous, un assez grand nombre sont livrés à leurs propres industries, quitte à rapporter tant par jour au maître, à-peu-près comme nos cochers de fiacre ou de cabriolet, et c'est ainsi que plusieurs gagnent assez pour profiter de la loi espagnole, qui leur permet de se racheter. Au Mexique et en Colombie, les Nègres qui s'y trouvent ne sont d'aucun embarras pour les gouvernements, et nous pouvons attester, quant au Mexique du moins, que, citoyens, ils s'y occupent comme les autres citoyens. Les Noirs marrons qui ont formé les établissements libres au fond de la Guyane anglaise vivent en paix et remplissent tous les devoirs qu'impose leur société.—Depuis le commencement du monde on a toujours reproché aux esclaves d'être paresseux. La haine qu'ils ont pour le travail s'explique aisément. Quel intérêt y trouveraient-ils? Le travail, n'est-ce pas leur premier tyran, la source de leurs maux? Il est très-explicable que des hommes soumis à un labeur forcé commencent par regarder l'indépendance comme la suppression du labeur.

Mais faut-il de nouvelles preuves que les Nègres rendus à la liberté ne seront pas si dangereux qu'on le veut donner à croire? Les esclaves anglais étaient dans le même état où sont les nôtres. Qu'on lise les rapports des magistrats spéciaux envoyés dans les colonies de la Grande-Bretagne, depuis le bill d'apprentissage, tous étaient *unanimes* pour dire que les apprentis non-seulement fournissaient leur contingent obligé de travail, mais souvent encore « louaient volontiers le temps dont la loi leur accordait la disposition. » On trouvera ces rapports dans deux brochures que M. Zachary Macauley, l'infatigable ami que les Noirs viennent de perdre, a publié en 1836, sur les résultats du bill (1). Nous renonçons à en présenter ici des extraits, il est trop facile de les consulter. Ce que nous pouvons dire, c'est que tout y est selon nos vœux. Il était impossible qu'un changement aussi capital, une mesure transitoire à laquelle on a reconnu de si grands inconvénients, ne jetassent pas d'abord quelque perturbation, mais l'effervescence a été bientôt calmée ; les rares accidents malheureux de ce grand acte, qui fera dans l'histoire tant d'honneur à l'Angleterre, n'ont pas même été ce qu'il fallait craindre, et encore doit-on souvent les attribuer au mauvais vouloir des planteurs ou des gérants, qui ont une peine incroyable à regarder leurs anciens

(1) Détails sur l'émancipation des esclaves dans les colonies anglaises pendant les années 1834 et 1835, tirés des documents officiels présentés au parlement anglais et imprimés par son ordre, 1836. Suite des détails. 1836.

esclaves comme leurs égaux devant la loi. Par un temps de chiffres comme le nôtre, il est un document peut-être plus péremptoire encore que tout cela, c'est le tableau des exportations de la Grande-Bretagne pour ses colonies pendant dix ans, depuis 1828. Il a été publié officiellement à Londres, le 18 décembre 1837, nous en avons sous les yeux un exemplaire, dont il nous paraît suffisant de mentionner les totaux :

1828.	1829.	1830.	1831.	1832.
3,914,808	3,616,001	3,971,144	3,129,326	2,840,713
1833.	**1834.**	**1835.**	**1836.**	**1837.**
2,726,414	2,899,781	3,004,009	3,566,839	4,288,033

Les attentats, la ruine que les ennemis des Noirs avaient prédits pour la suite de l'apprentissage étaient des chimères. Ce grand jour de l'affranchissement a sonné le premier août 1838, et des meurtres, des désastres, de la désolation, de l'anarchie qui devaient suivre, rien n'est arrivé. Lors de l'ouverture de la session de l'assemblée coloniale à la Jamaïque (30 octobre 1838), le gouverneur sir Lyonnell Smith a pu prononcer le discours suivant :

« L'événement le plus important dans les « annales de l'histoire coloniale s'est accom- « pli depuis la dernière session, et je suis « heureux de pouvoir vous annoncer que la « population noire s'est montrée digne de la « liberté. Il n'était guère présumable que les « Nègres voulussent continuer leurs travaux « immédiatement après la cessation du systè- « me d'apprentissage, mais en m'applaudissant « du résultat heureux de la grande mesure « qui s'accomplit, je vous félicite, ainsi que « le pays, du progrès que fait chaque jour la « reprise des habitudes industrielles. Tout « annonce une heureuse perspective à l'a- « griculture. »

De la Trinidad, de Tabago, de Montsarrat, de Demerara, les nouvelles ne sont pas plus mauvaises.

Pour ceux qui ont voulu consciencieusement et par le seul amour de la justice que les Nègres fussent libres, c'est un point secondaire que les affranchis continuent à faire du sucre ou non, et s'ils n'en font pas il doit être tout simple d'en convenir. Rien n'exciterait plus notre dégoût que des efforts sans bonne foi pour démontrer qu'un esclave produira le lendemain de son émancipation autant qu'il produisait forcément dans les fers. A quoi donc lui servirait la liberté, si ce n'est à délier ce qui était lié, à mobiliser ce qui était immuable. Sans doute cela ne sera pas de quelque temps, mais nous n'en regretterons pas davantage la servitude ; c'est un mal qui devait être. *Il le fallait* pour faire réparation à l'humanité outragée et prevenir un mal plus grand, la révolte sanglante.

Les émancipés agissent comme il est naturel qu'ils agissent. Tout ce qu'ils font n'est pas sage, mais y a-t-il beaucoup de sagesse dans les villageois européens? Ils s'empressent de faire de leurs enfants des charpentiers, des maçons, des couturières, des tailleurs, et les éloignent de la terre qu'ils ont maudite jusqu'à ce jour. Quant à eux, vieux esclaves, tout joyeux de se dire : « Nous pouvons, » ils abandonnent les champs et viennent la plupart à la ville se faire ouvriers du port, terrassiers, domestiques. Beaucoup s'y livrent à une imprévoyante dissipation, presque tous ne travaillent que trois ou quatre jours sur sept, et grâce à la fertilité du sol autant qu'à leur frugalité, peuvent cependant très-bien vivre. Nombre de jeunes gens des deux sexes se trouvent livrés à leur inexpérience et obligés, par l'incurie des parents, de se suffire à eux-mêmes et d'éviter l'action de la loi sur le vagabondage.

Ces notes, qui viennent de Démerara, nous les tenons de sources directes, probes, éclairées, et comme elles sont à-peu-près semblables autre part, tel est, on peut dire, le tableau exact que présentent les colonies anglaises en ce moment. Nous n'avons rien dissimulé, rien embelli. Que voyons-nous? de l'oisiveté, une allégresse folle, la haine des occupations rurales. Y a-t-il là rien qui doive nous surprendre? Point d'abus, d'attentats, point de vengeance; les constables suffisent, et les rôles des tribunaux ne sont pas plus chargés que les nôtres. « Sauf le mouvement, le *brouhaha* qui règnent au milieu de cette nouvelle population libre; l'ordre *domine généralement*, et toute proportion gardée, les sessions du tribunal de police et de la cour de justice sont beaucoup moins chargées que celles de vos tribunaux. »

Certes, on doit espérer mieux ; un tel régime ne pourrait subsister, et ce n'est pas le dernier mot des Noirs libres ; mais pouvait-on s'attendre même à si peu de troubles de la part de misérables les pieds encore gonflés des chaînes de la servitude ? Ces hommes libres, ne l'oubliez pas, ne sont encore que des esclaves émancipés ! De quelque façon qu'ils s'occupent, peu importe en réalité par quel genre de travail il leur plaît de gagner leur vie. Nous refusons, nous, formellement d'admettre avec les fauteurs de l'esclavage, « qu'il n'y a pas d'affranchissement acceptable s'il ne conserve à la population affranchie son caractère agricole (1). » C'est encore de l'arbitraire, des conditions à ce qui n'en doit point avoir. Non, ce qu'il faut, c'est que la population affranchie ne tombe pas à la charge de la communauté, n'y apporte point d'embarras. Eh bien ! c'est ce qui arrive ; de légers désordres ne sont rien pour une si énorme mesure, et leur peu de gravité garantit un prompt retour à l'ordre. On doit espérer.

(1) M. Lacharrière, brochure de 1838, déjà citée.

la raison y invite, qu'après le premier bouillonnement chaque chose reprendra sa place. Allez, ne redoutez rien, ni l'oisiveté ni la barbarie; le Nègre au milieu de la civilisation sera bien vite sollicité par des besoins qui le rendront laborieux et provoqueront son industrie ; la conciliation du travail avec la liberté est infaillible ; le fait aplanit bien des difficultés théoriques, la société ne se manque jamais à elle-même. Un groupe d'hommes se complète toujours. Une fois tous les cadres des ouvriers de la ville remplis, vous verrez vite refluer vers la campagne ceux qui n'auront pas trouvé d'emploi. Et puis IL LE FALLAIT! Parce que 260,000 Nègres ne veulent pas cultiver les terres de 30,500 Blancs (1), était-ce à dire que les Nègres devaient rester en servitude? Après tout, un ou deux ans de malaise, serait-ce trop payer les trois siècles de torture que l'on a fait subir aux pauvres Noirs ! Et faisons-le remarquer, pour finir, la haine du travail agricole est aussi un préjugé chez les Nègres ; il tombera comme les autres.

(1) Etats statistiques distribués aux chambres par le ministère de la marine, 1837. Publications de la Société pour l'abolition de l'esclavage.

Nous venons de considérer ce que sont les nouveaux libres des colonies anglaises. Ce drame se joue sous nos yeux, et il est loin d'être décourageant. Ouvrons l'histoire, elle nous convaincra mieux encore. Dans le tableau du passé elle nous fera voir celui de l'avenir. — En Colombie, on émancipe les Nègres d'une manière subite, et sauf le premier mouvement inévitable de la transition, il n'en résulte aucun malheur. En 1794, lorsque la Convention les appela à la liberté, les Noirs de Saint-Domingue, de la Guadeloupe et de la Guyane n'étaient pas moins dégradés qu'ils le sont aujourd'hui ; ils sortent rapidement de la dégradation, et lorsqu'en 1802, après la paix d'Amiens, le premier consul Bonaparte envoie des soldats pour procéder à l'exécution de l'abominable loi qui rétablit l'esclavage, on trouve les îles, quoiqu'on en puisse dire, dans une position prospère. Voici nos preuves :

A la Guadeloupe, un recensement fait en 1801, des plantations en culture, présente un total de 390 sucreries, 1,355 caféières et 328 cotonneries (1). Pour Saint-Domingue, à

(1) Mémoire des habitants de la Guadeloupe.

ce que nous en avons dit, nous n'ajouterons que ces mots d'un témoin oculaire, d'un propriétaire, le colonel Malenfant : « L'expédition vint porter la guerre et le massacre sur des terres libres, paisibles... et laborieuses autant qu'elles le pouvaient être après les effroyables catastrophes qui les avaient ensanglantées (1). Le général Pamphile Lacroix est du même sentiment (2). Il résulte des documents reçus de la Guyane française que le décret de la Convention n'y causa pas de trouble, mais nuisit au travail, parce qu'il fut publié sans aucune mesure relative au régime des habitations. A l'époque du rétablissement de l'esclavage, la colonie exportait plus de marchandises qu'en 1789, avec un nombre moins considérable de bras. Les colons s'étaient libérés de leurs anciennes dettes. On considéra le rétablissement de la servitude comme une mesure inutile et impolitique. Après huit ans de jouissance de la

(1) Des colonies, et particulièrement de celle de Saint-Domingue.

(2) Mémoires pour servir à la révolution de Saint-Domingue.

liberté, il y eut résistance, 600 Nègres y perdirent la vie (1)!

En vérité, plus on creuse la question plus on acquiert de certitude que la raison s'accorde avec ce qu'exigent les lumières de notre siècle. Nous insistons particulièrement sur ce qu'on vient de lire, c'est la meilleure, la seule réponse à faire aux colons et à tous les négrophiles *conciliateurs* qui soutiennent avec eux qu'abolir l'esclavage ce serait abolir le travail.

Les choses que nous disons là peuvent sembler au premier coup-d'œil s'éloigner du but qui nous est proposé, deux mots suffiront pour établir leur corrélation avec notre sujet. D'abord, si nous avons réuni de nouvelles preuves que les Noirs travaillent et travaillent bien à l'état libre, nous avons encore ébranlé le préjugé qui existe contre eux, puisque dans ce préjugé il y a beaucoup du dégoût qu'inspirent des êtres représentés jusqu'ici comme incapables d'être utiles à eux-mêmes et aux autres, ensuite nous avons dimi-

(1) Analyse de la Société française pour l'abolition de l'esclavage. Séance du 15 février 1836.

nué d'autant les craintes de désordre qui font retarder leur émancipation. Or, à notre avis, abolir l'esclavage est le coup le plus sûr qu'on puisse porter au préjugé de la couleur. C'est dans l'élévation des Nègres et de leurs fils, les sang-mêlés, aux droits de citoyen, que l'on trouvera les meilleurs éléments pour étouffer l'injustice morale dont ils sont victimes. Tant qu'il y aura des hommes noirs esclaves, la race des hommes noirs sera essentiellement méprisée, parce qu'à toutes les époques du monde la race des maîtres a tenu en mépris celle des esclaves, et qu'il n'en peut être autrement.

§ V. — *Affranchissemeut immédiat. Point d'apprentissage.*

C'est en vérité un beau, un magnifique spectacle que celui de la nation anglaise, qui paie une somme énorme pour laver de telles iniquités, pour effacer de son dictionnaire les mots affreux : *Esclavage, esclave.* Imitons-la donc ; que les colons soient indemnisés ; mettons toute justice, toute générosité de notre côté, et que les Noirs Français soient libres!

Emancipation immédiate!

Le grand inconvénient de tous les moyens d'attermoiement qui ont été proposés, c'est d'être d'une exécution longue et jusqu'à un certain point très-difficile, vu la série de détails qu'ils entraînent et la résistance que l'on a à vaincre chez les colons. Les Noirs ont affaire à des *possesseurs* irrités de ce que leurs *propriétés* leur échappent. De quelque façon que ce soit, ces possesseurs mettent toujours des entraves, et la métropole lutterait sans les empêcher de se plaindre et sans pouvoir sauver les malheureux esclaves des dernières souffrances. Le résultat précisément de l'expérience anglaise nous décide, et nous voulons maintenant l'*émancipation immédiate avec indemnité pour le maître, au prorata de ses valeurs*, payable en deux termes (1).

Nous écartons l'apprentissage, il est in-

(1) Le sacrifice que la France aurait à supporter n'a pas de quoi effrayer les esprits les plus économes. « La

utile. L'Angleterre n'eût subi qu'une secousse au lieu de deux, si elle avait déclaré la liberté sans transition. L'apprentissage blesse les maîtres, qui n'en voient pas moins une atteinte portée à leurs *droits;* il trouble l'esprit des esclaves, qui ne comprennent pas cette alliance du travail forcé avec une liberté expectante; il ne satisfait personne, perpétue l'arbitraire, augmente les embarras et maintient aussi l'emploi des châtiments corporels, comme de toutes les mesures cruelles que l'on déteste dans la servitude. Et tout cela sans profit, car les apprentis n'apprennent pas à jouir d'eux-mêmes, et l'on n'évite pas davantage le premier mouvement de délire.

population esclave de nos colonies était, au 31 décembre 1835, de 261,702. En 1836, de 258,956; sur ce chiffre il faudrait retrancher, si l'on s'occupait de l'indemnité, 17,434 pour les individus au-dessus de 60 ans, qui ne sont qu'une charge sans compensation pour leurs maîtres, et 68,105 pour les enfants au-dessous de 14 ans, qui ne figurent encore que parmi les charges. — Resteraient donc seulement 176,173 individus à racheter *. » On a bien donné un milliard pour les émigrés !

* Adresse de la Société de l'abolition de l'esclavage aux conseils-généraux. — Paris, 1er avril 1837.

L'apprentissage, c'est encore la servitude, ainsi que l'a dit lord Howick à la séance de la chambre des communes, du 30 mars 1838 : «Obliger un homme à travailler pour un autre, c'est toujours l'esclavage, de quelque nom qu'on l'appelle.» Sachons-le bien, il n'y a pas de transition possible de l'ilotisme à la liberté ; la Liberté est une déesse jalouse.

Liberté donc pleine et entière pour les esclaves français !

Il y a trop longtemps qu'on recule, le gouvernement ne sait prendre aucune résolution ; il ne cache pas sa sympathie pour l'abolition ; mais il n'agit point ; il tâte et s'arrête soudain ; il s'approche de l'antre colonial et s'effraie aussitôt des clameurs que les moindres paroles de miséricorde y excitent chez les planteurs. Chaque fois qu'il est question, même de moyens transitoires, les apologistes de l'esclavage s'écrient qu'on veut mettre le feu aux colonies. Jusques à quand leur prêtera-t-on l'oreille? Ne se rappelle-t-on pas qu'ils gémissaient de même lorsqu'on voulut étouffer l'hydre de la traite. A les entendre, c'était le signal de leur ruine ; vous savez ce qui est arrivé, ne les écoutez donc pas. Le monde verra que ce qu'ils disent n'est pas vrai ; le monde verra qu'être ennemi de l'ilotisme ce n'est pas être ennemi des propriétaires. Marchons au bien avec un ferme amour du bien pour tous. Il faut répéter ici ce que dirent les femmes américaines dans la première séance de la société qu'elles formèrent à New-York : « La véritable question n'est pas celle du traitement que reçoivent nos frères et nos sœurs esclaves; mais celle du principe. » Le principe, c'est que l'homme ne peut être serf, que le Noir est homme et qu'il faut qu'il soit libre. La liberté n'a pas de couleur. N'espérez rien des colons ; ils ne sont ni plus méchants ni plus cruels que nous, mais une fausse manière d'envisager leur bien-être, mais la routine plutôt, mais cette peur des grands changements qui est en nous tous les trompent et les aveuglent ; ils n'ont jamais fait d'eux-mêmes un seul pas vers l'abolition ; ils s'y opposeront constamment. Nous avons vu plus haut qu'ils répugnent à tout, qu'ils refusent tout, même les moyens de pur adoucissement. M. Favart, délégué de la Guyane française, n'a-t-il pas repoussé encore dernièrement comme *une mesure dangereuse et impraticable* (1) le droit de se racheter qu'on propose de donner aux esclaves? Le conseil colonial de Bourbon n'a-t-il pas protesté contre l'arrêté du gouverneur de l'île, qui prononçait, au nom de la loi du 4 mars 1831, la libération des Noirs de traite? Et le 15 novembre 1838 encore, le conseil colonial de la Guadeloupe n'a-t-il pas répondu à une communication du gouvernement : « Les colonies auront à examiner d'abord s'il est fondé, le droit qu'on *s'arroge de décider sans elles des questions qui les touchent seules, que seules peut-être elles sont habiles à résoudre?* »

Que répliquer à ces aveugles? Ils comprennent que «la métropole ait consacré l'esclavage dans ses colonies, comme seul moyen d'y obtenir le travail nécessaire à leur exploitation (2), » mais ils ne comprennent pas que la métropole réforme l'esclavage lorsqu'elle ne le juge plus nécessaire.

Nous n'avons point à formuler ici notre mode

(1) Brochure déjà citée.

(2) Rapport de la Commission nommée à la Guadeloupe, pour repondre à la communication du gouvernement, en date du 15 novembre 1838.

d'affranchissement simultané, nous ne pouvons que le demander et en démontrer la justice : car nous ne serions même pas excusable d'en avoir parlé aussi longuement si l'abolition de l'esclavage n'était, à notre sens, et nous croyons l'avoir prouvé pour tout le monde, le moyen le plus efficace de parvenir au but qui nous est proposé, celui d'éteindre le préjugé contre la couleur. Nous n'ajouterons donc plus qu'une seule réflexion : On s'occupe trop des détails ; avec ces perpétuels retardements on n'arrivera jamais à rien ; la crainte de troubler un peu l'avenir des maîtres fait trop fermer les yeux sur les tortures présentes des serviteurs. Ménagez des intérêts qui méritent toute considération, puisqu'ils existent ; restez humains ; n'apportez aucune violence dans vos décrets, veillez avec une fraternelle sollicitude sur la vie et le repos des Français ; les colons sont des Français d'outre-mer et doivent être traités comme des Français métropolitains ; organisez l'indépendance, mais sachez prendre une résolution en dépit des propriétaires. Vous devez expiation à la justice éternelle. Parce que le Code a autorisé une usurpation infâme de l'homme sur l'homme, est-il dit que cette usurpation ne doive pas avoir de fin? Les colons parlent de *droits acquis, de propriétés inviolables*, mais à ce compte notre grande révolution serait donc coupable pour avoir détruit les droits de *main-morte* et tant d'autres droits exécrables qui n'étaient pas moins acquis aux gentilshommes que les esclaves aux possesseurs actuels? N'est-ce pas absurde?

Quoi qu'en disent les colons, l'abolition n'a pas besoin de leur consentement pour être légitime; elle se légitime elle-même. Il y a une loi que ne peut prescrire aucune loi humaine, c'est celle de l'équité naturelle. La métropole est souveraine; elle a souffert le crime, qu'elle répare le crime! On a permis au maître de vivre en des conditions exceptionnelles; qu'il se soumette à une juridiction exceptionnelle. Il est en dehors de la loi commune, qu'il fasse retour à la loi commune! Pourquoi se plaindrait-il? Si malgré la Constitution fondamentale du royaume on a pu l'autoriser à acheter des Nègres, on peut nécessairement lui retirer cette autorisation. La loi de France, plus libérale que Jésus, a rendu à l'homme la pleine possession de soi-même ; la loi de France reconnaît que l'homme s'appartient ; qu'il n'est point la propriété de l'état, à plus forte raison ne peut-elle pas tolérer davantage qu'il soit celle d'un autre homme. Point de demi-mesure ; les demi-mesures sont inutiles et fâcheuses ; point d'apprentissage ! Indemnisez les maîtres et posez nettement l'émancipation immédiate. Ne redoutez rien ; l'exemple du passé assure l'avenir (1).

§ VI. — *La question de l'affranchissement n'est pas assez populaire en France.*

Quant à nous, nous trouvons que cette question de l'affranchissement n'est pas encore assez populaire dans notre pays. Demandez à la grande majorité des Français ce qu'ils pensent de la rédemption des esclaves ; ils sauront à peine ce que vous voulez leur dire ; on n'a pas d'idées formées sur une

(1) Dans notre brochure de L'ESCLAVAGE DES NOIRS, chez Paulin, 1833, nous avons présenté, page 102, un *projet de législation* où nous développons les moyens propres, selon nous, à émanciper les Noirs sans danger pour les Blancs.

aussi importante matière. Notre clergé fait de l'éloquence à propos de bien des choses; mais ses frères les esclaves qui gémissent, ils ne s'en inquiètent pas. Il n'a jamais rien opéré pour eux que de leur imposer à leur débarquement sur la terre de douleur un baptême auquel ces malheureux ne comprenaient rien. L'abbé Grégoire n'aura-t-il donc point d'émules? Parmi tous ces jeunes ecclésiastiques qui remplissent maintenant les chaires sacrées, ne s'en rencontrera-t-il pas un qui voudra exalter la *miséricorde de Dieu*, en consacrant sa parole au rachat des captifs noirs? Depuis la révolution, les Nègres ne trouvent pas en France une sympathie assez active. Il n'y a qu'une société pour l'abolition de l'esclavage; nous en voudrions cent; nous voudrions que celle qui existe prodiguât la lumière de ses sages publications; qu'elle mit moins de réserve dans les actes de son noble zèle; qu'elle échauffât la générosité publique; qu'elle fît des pétitions aux chambres et conviât des milliers de citoyens à les signer. Nous voudrions que nos prêtres élevassent la voix pour les pauvres esclaves; qu'ils apprissent aux femmes qu'il y a loin d'ici des hommes livrés à un régime absolument animal, bien avilis, bien souffrants, et que leur tendre charité peut s'employer à les secourir. Nous voudrions que, comme en Angleterre, comme en Amérique, des dames françaises formassent des sociétés pour effacer une des plus grandes misères de l'humanité. Intéressons la nation entière à la sainte cause de l'affranchissement; faisons descendre et pénétrer la haine du monstre dans tous les rangs de la société!

§ VII. — *Détruire la servitude des Noirs est le moyen le plus efficace de détruire le préjugé contre la couleur des Africains.*

Alors vous pourrez entreprendre une grande croisade contre le préjugé de la couleur, et facilement il s'évanouira. Vous imprimerez les œuvres des Nègres, vous écrirez la vie de ceux d'entre eux qui se sont distingués; vous en répandrez abondamment des exemplaires, ainsi que les missionnaires faisaient de la Bible.

« Là, dans un long tissu de belles actions, » le public apprendra à connaître cette race calomniée, et en la voyant douée de qualités de toute nature égales aux nôtres, il perdra certainement tout mépris contre elle. En tuant l'esclavage vous tuez les vices de l'esclave : *Morta la bestia, morto il veneno*. Les Noirs, une fois libres, la vertu leur viendra avec l'estime d'eux-mêmes. Rendez aux Négresses leurs enfants et elles seront mères. Pour les faire sortir, ces malheureuses femmes, du déplorable état de promiscuité où les entretient la servitude, où les excite l'intérêt du propriétaire, vous leur inculquerez par des enseignements moraux un vif sentiment de leur honneur et des obligations de famille. Vous encouragerez particulièrement les mariages ; vous multiplierez les écoles gratuites, où les enfants et les nouveaux libres recevront une éducation substantielle ; ne doutez point qu'ils ne viennent la chercher de grand cœur (1). Vous proclamerez l'égalité politique et civile pour les hommes

(1) « Les mères ont généralement une telle sollicitude « pour l'éducation de leurs enfants, que plusieurs d'entre elles les laissent à l'école, bien qu'assez forts déjà « pour gagner leur subsistance. » C'est M. John Innes

de toutes couleurs ; vous admettrez dans les emplois publics tous les Noirs et sang-mêlés que vous en trouverez dignes.

Cela fait, vous aurez beaucoup fait, et le temps ne tardera pas à achever votre ouvrage. Allez, quelques années de réelle égalité devant la loi suffiront pour ramener bien des esprits à la vérité et à la justice ! Car, encore une fois, il ne faut pas s'y tromper, le préjugé ne tient pas à la teinte de la peau, même aux colonies, il y a plus d'un mulâtre parmi les blancs. Le préjugé tient à l'avilissement où se trouvent les personnes de cou-

qui dit cela, et l'on peut bien l'en croire, car il n'aime pas beaucoup les Nègres.

En juillet 1835, onze mois seulement après le dangereux bill, M. Edmond Lyon, juge spécial de la paroisse de Palmetto River, écrivait au gouverneur de la Jamaïque : « Il se manifeste parmi la population un désir d'instruction toujours croissant, presque tous les hommes au-dessous de 25 ans cherchent avec empressement les moyens de s'instruire. »

Est-il en France beaucoup de maires de villages qui puissent en dire autant de leurs administrés ? Une raison assez plausible de penser que les Nègres réussiront à l'école, c'est que les planteurs se sont toujours opposés à ce qu'on leur apprît à lire.

leur : les serfs russes ont même visage que leurs princes ; dans l'Inde, les parias ont même visage que les brahmes ; en Saxe, les juifs ont même visage que les catholiques ; et les serfs, et les parias, et les juifs n'en sont pas moins honnis. Le préjugé est chose toute morale et non physique ; cela est si vrai, qu'un enfant blanc de la Martinique ou de la Guadeloupe méprise un enfant noir ; mais envoyez un jeune Nègre dans nos colléges, ses camarades regarderont curieusement sa peau le premier jour, et puis ce sera tout ; le lendemain il sera un camarade comme un autre. On rencontre quelques Nègres dans nos ateliers d'Europe, et l'on n'observe pas qu'ils soient jamais maltraités. Le peuple, ne se doutant point que le Noir *est un animal immonde*, voit en lui un homme, et ne s'offense pas plus de la différence de sa peau que de celle qu'il y a entre des cheveux bruns et des cheveux blonds. On remarque depuis longues années un Nègre dirigeant, l'archet à la main, l'orchestre de Franconi ; je ne sache pas qu'aucun de ses subordonnés semble humilié d'être conduit par lui. Menez cet orchestre à la Martinique, et au bout d'un mois il n'en restera peut-être pas deux musiciens encore disposés à accepter la mesure battue par la main noire. Le préjugé n'est donc véritablement pas dans la couleur, ne cessons point de le répéter, il est dans l'idée de l'infériorité de la race noire. Que la race noire ne soit plus vouée à des exercices serviles, et elle est réhabilitée.

Les juges du premier concours, d'après les termes de leur rapport, semblent penser que l'abolition de l'esclavage n'est qu'un faible moyen d'attaquer le préjugé, puisque l'on peut observer, disent-ils, que ce préjugé subsiste encore dans quelques parties du Nouveau-Monde, après que l'esclavage a disparu. Selon nous, c'est une erreur. D'abord la chose ne peut être dite que pour quelques parties du Nouveau-Monde ; car au Mexique nous avons vu par nous-même les Nègres tenir même place que les individus de race blanche ou indienne, et puis les préjugés ne sont-ils pas les broussailles sociales les plus difficiles à déraciner ? De nos jours encore, malgré l'égalité écrite dans les Codes, malgré l'intolérance qui s'en va avec les religions, ici même, en France, sous les yeux des Mayerbeer, des

Cahen, des Munck, des Olinde-Rodrigues, n'y a-t-il pas toujours des esprits obtus qui professent grand dédain pour les Israélites? Le temps seul peut balayer les dernières traces de ces misères.

§ VIII. — *Le mariage est incompatible avec la servitude.*

Il faut dire encore que l'existence de l'esclavage est un fait essentiellement contraire par sa nature même à toutes les améliorations indispensables pour détruire le préjugé de la couleur. Voyez le mariage, par exemple, ce puissant agent de moralisation, eh bien! il est impossible parmi les Nègres tant que les Nègres seront esclaves. La communauté bestiale, abrutissante, dépourvue de tout principe où ils vivent, tient moins encore à leur état de dégradation qu'au système constitutionnel de la servitude, lequel n'admet ni propriété, ni patrie, ni famille pour le *patient*. Un article de l'édit de 1685, derrière lequel se retranchent volontiers les colons, veut à la vérité que le mari et la femme, non plus que les enfants, ne puissent être séparés, et semble ainsi protéger les unions légitimes;

mais c'est là un avantage illusoire : la loi a voulu ce qu'elle ne pouvait. Comment concevoir des liens indissolubles entre personnes qui sont hors du droit civil, qui sont *mobilier*, qu'un créancier peut saisir, que des tiers peuvent revendiquer? Qu'arrivera-t-il lors de l'affranchissement de l'un des conjoints? Le mariage sera-t-il dissous ou bien tolérera-t-on la plus monstrueuse anomalie? L'homme, le chef actuel de la famille, sera-t-il incapable de tout et restera-t-il chose *mobilisable*, tandis que la femme et les enfants pourront agir civilement? Ajoutons que l'art. 10 de l'édit de 1685, reproduit textuellement dans les lettres-patentes de 1723, autorise bien le mariage, *sans le consentement du père et de la mère de l'esclave, mais non pas sans celui du maître*. Or, on comprend que le maître ne le donne pas ; cela le contrarierait trop dans la libre disposition de sa *marchandise*. Et en effet, pourquoi voudrait il que les esclaves de son habitation s'accouplassent de manière à ce qu'il ne pût pas les séparer, les vendre, en disposer comme de ses chevaux et de ses autres biens? Ce serait folie de sa part ; ce serait vouloir violer lui-même son arche sainte, *ses droits acquis!* Nous lisons dans le rapport d'une commission nommée en 1834, par le conseil colonial de l'Ile-Bourbon, à propos d'un projet d'ordonnance concernant la condition des esclaves (1) : « La mobilisation des esclaves comme pro« priété, et surtout la disproportion numé« rique des sexes, ont été jusqu'à ce jour et « continueront encore d'être pendant long« temps un obstacle aux mariages. » On voit que les colons eux-mêmes partagent notre avis sur ce point. En résumé, la loi défend de séparer le mari de la femme ; mais elle n'aurait aucun moyen de répression contre un maître qui le ferait, car il répondrait à la loi : « Puisque vous reconnaissez que c'est ma « propriété, que je puis en disposer comme « bon me semble, vous ne pouvez m'empê« cher de le vendre à la suite d'un acte qui « l'a toujours laissé *hors du droit civil.* » Mais, dira-t-on, puisque le maître peut vendre l'esclave marié, vous ne devez pas avancer qu'il s'opposera toujours à son mariage.

(1) Le rapporteur de cette commission était M. P. de Greslan, conseiller colonial.

— A cela nous répondrons que l'ombre seule d'une appréhension le porte à s'y opposer. Craignant un procès, moins encore, un embarras quelconque, il préfère ne pas donner son consentement à des alliances qui peuvent toujours apporter quelque gêne dans ses allures toutes puissantes. L'esclave, de son côté, ayant sans cesse à craindre de voir mettre à l'encan sa femme ou ses enfants, répugne à contracter une union qui peut être ainsi violemment rompue d'un jour à l'autre par le caprice du propriétaire ; et de là la perpétuité de cet immense désordre où l'esclave trouve le plaisir de la variété sans que le maître perde les profits de la production.

Telles sont les véritables causes de la rareté des mariages entre esclaves. A la Guadeloupe, il n'y en eut (année 1835) qu'un seul sur 96,000 individus ; à la Martinique, 14 sur 78,000 ; à Bourbon, néant (1) ! Tant il est vrai que dans le régime colonial les notions les plus simples, les plus naturelles de l'ordre social sont bouleversées ou plutôt n'existent pas. Là, le fils

(1) Etats statistiques distribués aux chambres par le ministère de la marine, 1837.

libre peut acheter son père et en faire son esclave! Combien de *petits Blancs* vendent les enfants, fruits de leur concubinage avec quelque Négresse de l'habitation! Et ces monstruosités n'empêchent pas les fauteurs de l'esclavage d'écrire hardiment « que la servitude, loin de faire déchoir le Nègre, l'élève ; » — « que la servitude, loin d'arrêter la civilisation, au contraire, l'avance chaque jour ; » (M. Mollien) « que la servitude est pour le Noir le seul auxiliaire possible du progrès ; » (M. Lacharrière) « que l'état des Noirs importés dans l'Amérique est un progrès immense que l'on a fait faire à cette race d'hommes » (M. Favard.) — Mais dites-nous donc une fois, dites-nous donc ce que la race Noire a gagné à ce que des millions d'Africains vinssent mourir dans l'abrutissement et la misère sur les habitations de la Guadeloupe et de la Martinique?

On voit qu'en traitant de l'abolition nous sommes bien dans notre sujet; nous ne disons pas d'ailleurs que l'abolition suffise ; nous la présentons seulement comme base, comme pierre angulaire de l'édifice de réhabilitation. Il faudra tout de suite après s'occuper d'instruire les Nègres, et soyez-en sûr, lorsque le Blanc verra le Nègre son égal partout, au théâtre, à la promenade, à la municipalité, au tribunal, dans la milice, au collége; lorsqu'il le verra juge et le jugeant bien, administrateur et administrant bien, médecin et le soignant bien, avocat et le défendant bien, capitaine et le commandant bien, artiste et l'émotionnant bien, soyez-en sûr, l'homme blanc ne méprisera plus l'homme noir; et cela doit arriver, puisque l'homme noir est aussi perfectible que l'homme blanc; mais cela n'arrivera pas tant que l'homme noir sera esclave, car il n'y a pas d'éducation possible au fond des ténèbres de la servitude.

Pour que le préjugé tombe, il faut que la race blanche s'accoutume à ne plus voir la race noire dans un opprobre éternel: il faut qu'on la trouve en tout, belle, relevée et parée d'indépendance; l'égalité de fait entraînera vite pour tout le monde l'égalité morale. Aussi bien nous ne parlons guère en ce moment que pour les colonies; c'est là, nous croyons, qu'il faut porter le drapeau de l'œuvre réparatrice. L'Europe n'a généralement pas de mépris avoué pour les Nègres; elle ne sait point, elle n'a pas d'opinion formelle: c'est de la curiosité, de l'étonnement qu'ils lui inspirent plutôt que de la malveillance. Est-il véritablement beaucoup de salons, beaucoup d'ateliers, de chambres du peuple (je dis préservés de la peste coloniale) d'où serait repoussé un Nègre qui s'y présenterait convenablement? Pour mon compte, je ne le pense pas. Il ne s'agit plus que de les y amener, de les mettre en état d'y venir; c'est par l'éducation, et nous avons établi qu'ils sont complètement aptes à la recevoir.

Que l'on me permette ici de m'interrompre. Lorsque je parle toujours des Noirs, il est sous-entendu que je comprends aussi les hommes de couleur : je nomme moins souvent ces derniers, parce que la source du mal est dans les Noirs. Les hommes de couleur sont cependant aux colonies mille fois plus détestés par les Blancs, auxquels, du reste, ils rendent bien haine pour haine et mépris pour mépris. Qui le croirait? il se mêle des idées de morale à l'irritation naturelle que le maître éprouve de voir ainsi son esclave se rapprocher de lui par les nuances de la peau. Un mulâtre est toujours le fils d'une Négresse, le fruit d'un adultère, un bâtard enfin, qui porte au front la barre de bâtardise. Le mulâtre libre est un scandale pour tous les Blancs, car voilà qu'un maître est entré dans le lit d'une servante, le mulâtre esclave leur est un double reproche, une accusation de lâcheté, car voilà qu'un père a laissé son enfant dans les chaînes ; libre ou esclave, il est toujours une insulte vivante à toute femme blanche, car voilà qu'un Blanc leur a préféré « une ignoble Négresse. » Le remède pour ces misères de famille ne peut encore venir que de l'émancipation. Lorsque des mariages auront eu lieu entre Blancs et Noirs, les mulâtres ne seront plus pour les colons un objet de remords et de honte, et il est évident que ce mélange de races doit noyer à jamais toutes les antipathies de couleur. Ce que nous disons là, au reste, n'a de valeur que pour les colonies. En Europe on ne sait guère distinguer les mulâtres des Blancs ; ils y sont vus comme d'autres hommes dont le teint est plus ou moins brun, et la majorité des Européens, en les voyant passer, ne se doutent pas que ce sont *des êtres abjects* qu'ils coudoient.

§ IX. — *Résumé des moyens propres à extirper le préjugé contre la couleur des Noirs et à les moraliser.*

Rassemblons maintenant en faisceau et précisons les diverses mesures que nous offrons pour satisfaire au vœu de M. Grégoire :

1° Abolition de l'esclavage comme le plus sûr moyen de rapprocher sur un même terrain l'homme blanc et l'homme noir. — Qui voudra chercher parmi les chaînes brisées, les fouets en lambeaux, les prisons écroulées, et tous les infects débris de la servitude, y trouvera au fond l'avilissement des Noirs avec la moitié du mépris que leur portent les Blancs.

2° Formation de sociétés d'hommes et de femmes, consacrées à l'œuvre de charité humanitaire, et du sein desquelles sortiraient de fréquentes publications gratuites, tendant à bien inculquer dans l'esprit général l'égalité physiologique des Blancs et des Noirs. Au premier rang de ces ouvrages nous mettons l'histoire comme les écrits des Nègres et des Négresses illustres.

3° Enseignement primaire et instruction morale portés au fond de tous les ateliers coloniaux ;—salles d'asile ;—écoles gratuites de jour et de soir multipliées dans tous les quartiers et districts; travail incessant pour cultiver l'intelligence des Nègres et les faire remonter au rang d'hommes civilisés; — réhabilitation enfin de la race noire par l'esprit.

Nous verrions avec joie l'institution d'un corps de missionnaires éclairés chargés d'enseigner aux Nègres, dans des discours journaliers, les lois exquises de la pure morale, l'admirable noblesse des devoirs de l'homme libre envers la société, et la beauté mâle des occupations rurales bien comprises. Le laboureur est une des colonnes de l'état.—Les Nègres sont naturellement éloquents : il serait très-bon d'en faire entrer plusieurs dans cette généreuse milice, qui se pourrait recruter au sein de notre clergé, où les âmes dévouées ne manquent pas. Le clergé n'est frappé d'impuissance que parce qu'on s'obstine à lui faire prêcher une lettre morte. Il sera important que les hommes appelés à remplir ce ministère mettent la plus grande réserve religieuse dans leurs paroles, car les Nègres, avec leur ardente imagination, ont, comme tous les méridionaux, une extrême propension au fanatisme et à l'idolâtrie.

Si l'on ne pouvait obtenir que les chambres votassent les fonds des écoles et du corps des missionnaires, la *société* provoquerait de nouvelles souscriptions. — Elle enverrait aussi chaque année aux colonies un de ses membres chargé d'inspecter les écoles et de recueillir les nouveaux moyens que l'expérience offrirait pour atteindre le but.

4° Encouragement aux mariages entre Négresses et Blancs, Blanches et Nègres. Constitution de la famille et de l'esprit familial par le mariage ;

5° Prière au clergé d'engager le troupeau chrétien à traiter fraternellement les parias noirs ;

6° Proclamation de l'égalité civile et politique pour les hommes de toutes couleurs et toutes classes ; admission dans les emplois publics aux colonies comme en Europe de tous Noirs et sang-mêlés qui en seront trouvés dignes ; préférence à leur égard jusqu'à l'anéantissement du préjugé.

Ainsi donc trois points fondamentaux, nécessaires, indispensables ; — abolition de la servitude des Nègres ; — éducation des Nègres ; — emplois publics confiés à des Nègres. — Nous insistons particulièrement sur la puissance de ce dernier moyen qui dérive des deux autres. Trouvez un Nègre pour gouverner la Guadeloupe, un autre pour occuper une chaire du collége de France, et vous aurez porté un rude coup au préjugé. Ces hommes ne vous manqueront pas ; formez-les. C'est pourquoi il nous paraîtrait bon que dès aujourd'hui l'on recherchât les membres de la classe noire les plus cultivés pour les mettre en évidence en leur donnant quelque poste élevé. Ne serait-il pas possible également de convier des jeunes gens instruits de Saint-Domingue à venir occuper, dans les Antilles, des places où leur bonne conduite et leur intelligence serviraient de meilleures démonstrations que tous nos discours.

Méhémet-Ali (1) entretient chez nous plu-

(1) Quelques hommes osent soutenir encore l'esclavage en France, et voilà qu'il commence à s'effacer de l'Orient même, de la terre classique de l'ilotisme. Mé-

sieurs jeunes gens égyptiens; ils suivent les cours de toutes nos écoles; puis ils vont porter dans leur patrie tout ce qu'ils ont amassé de lumières pour refaire une civilisation aux fils des habitants de l'antique Memphis. Agissons de même en faveur des Nègres.

On voit que pour mettre à exécution une partie de ces mesures, nous avons besoin du concours des chambres et de l'administration; il n'est pas permis de douter qu'ils manquent à un but si généreux. La loi permet au gouvernement de placer dans les colléges royaux quelques enfants qui y sont élevés aux frais de la nation; donnez une partie de ces bourses instituées pour les pauvres, donnez-les à des enfants noirs, à ceux-là qui ne sont pas pauvres d'argent seulement, mais de tous les

hémet-Ali vient d'abolir pour jamais la chasse aux Nègres, que l'on faisait dans le Sennaar; il a prohibé la *traque*, sous peine de mort, et comme premier jalon d'un affranchissement que cet homme extraordinaire médite sans doute pour son pays, il a commencé par affranchir la presque totalité de ses esclaves particuliers, défendant d'en acheter de nouveaux pour aucune de ses maisons. (Correspondance du Caire au *Sémaphore de Marseille*, en date du 18 février 1839.)

biens de la civilisation. Au sortir des lycées, ces jeunes hommes et ces jeunes filles relèveront vite leurs frères de la déchéance intellectuelle que l'esclavage a fait prononcer contre eux; ils se répandront parmi nous, resteront amis avec leurs camarades de classes, entretiendront des relations dans l'intérieur de nos familles, et quand on les verra égaux à nous en politique, en science, en savoir-vivre, en élégance, en dignité, le bon sens et la justice triompheront, l'ignorance et la méchanceté seront vaincues; le sentiment d'égalité fraternelle qui doit unir tous les hommes se trouvera établi entre les deux races; il en sera de l'aristocratie de la peau, selon l'expression pittoresque de l'abbé Grégoire, il en sera de l'aristocratie de la peau comme de l'aristocratie nobiliaire, elle tombera devant le ridicule, et le dernier vœu de l'ancien évêque de Blois sera accompli; *le préjugé injuste et barbare des Blancs contre la couleur des Africains et des sang-mêlés sera extirpé de la société française.*

FIN.

TABLE

DES

MATIÈRES.

FIN DE LA TABLE.

www.ingramcontent.com/pod-product-compliance
Ingram Content Group UK Ltd.
Pitfield, Milton Keynes, MK11 3LW, UK
UKHW031846260826
14628UKWH00002B/612